你就是孩子最好的玩具

吴利霞/著

成都时代出版社
CHENGDU TIMES PRESS

图书在版编目（CIP）数据

你就是孩子最好的玩具 / 吴利霞著 . -- 成都 : 成都时代出版社，2020. 11

ISBN 978-7-5464-2681-5

Ⅰ . ①你… Ⅱ . ①吴… Ⅲ . ①青少年教育—家庭教育 Ⅳ . ① G782

中国版本图书馆 CIP 数据核字（2020）第 183636 号

你就是孩子最好的玩具
NI JIUSHI HAIZI ZUIHAO DE WANJU
吴利霞 著

出 品 人　李若锋
责任编辑　樊思岐
责任校对　刘　瑞
装帧设计　柳育婷
责任印制　张　露
出版发行　成都时代出版社
电　　话　（028）86618667（编辑部）
　　　　　（028）86615250（发行部）
网　　址　www.chengdusd.com
印　　刷　三河市嵩川印刷有限公司
规　　格　787mm × 1092mm　1 / 32
印　　张　6
字　　数　200 千字
版　　次　2020 年 11 月第 1 版
印　　次　2020 年 11 月第 1 次印刷
印　　数　1-20000
书　　号　ISBN 978-7-5464-2681-5
定　　价　39.80 元

前言

活到三十多岁的年纪，上有父母，下有孩子，从青涩到成熟，我也曾带着疑惑一路走来，思考“与父母相处的最为理想的方式是什么”。

之前，我从未想过该如何与父母相处，哪种与父母相处方式才是最理想的。我从小小的年纪就和父母一直相处到了现在，在我成长的过程中哭过，笑过，记恨过，感动过……对父母的情感，十分复杂。

那时的我没有纠结过如何相处的问题，但想必我的父母却为此劳心费神，毕竟他们初为父母，也是在摸着石头过河。

而今我有了孩子，我也开始为了他的教育而忧思，希望能够更好地教育孩子，让他能够拥有更好的品质：健康、阳光、乐观、勇敢、善良、孝顺、聪颖、智慧、独立自主……

就好像种下一棵小树苗，希望它能够茁壮成长的同时，根基还能够扎稳，笔直成长，不惧风雨。

我在新手妈妈时期，其实是慌乱的，我不知道该如何养育一个孩子。孩子的婴儿时期，更注意的是他的身体健康，希望他平平安安、健健康康地长大；到了幼儿时期，我开始真正地感觉到“育”

这个字的重量。教育好一个孩子的灵魂，比养好一个孩子的身体要难得多。

我总说教育其实就是一个度的掌握，对孩子管得太松不行，太紧也不行。

就好像孩子小时候胆小，我就希望他胆子能大些，但希望他“无所畏”的同时，又希望他能“有所畏”。无所畏代表着勇敢、阳光、坚强；有所畏代表着敬畏，敬畏规则，敬畏底线，敬畏生命……

有时看着矛盾，却又富有情理。

但松也好，紧也好，一切教育的前提都应当建立在良好的亲子关系之上。给予孩子阳光的同时，也要让他感受风雨；既要让他在爱里长大，又要让他在深刻的教训中成长得更坚强。但你说：“孩子，去感受风雨吧。”只留他一个人在风雨中，他在风雨中能感受到什么呢？

内心从不缺乏爱的孩子，他们会更勇敢，更自信，无惧风雨；内心缺爱，没有安全感的孩子，他们会怯弱，会退缩，会在风雨中感受到更多的不安，恐惧……

孩子吃山珍海味，穿绫罗绸缎，玩进口玩具，住豪宅，上昂贵的私立学校，这些外在的东西都不能让孩子内心富有。相反，一个吃穿用度都十分普通的孩子，却因为有父母的陪伴与关爱，他们的内心便会十分富有。

由此可知：

· 这个世界上最昂贵的教育成本，不是各种高大上的培训班，而是父母的爱；

· 这个世界上最佳的教育背景，不是重点学校，而是一个充满爱的家庭；

· 这个世界上最生动的教育，不在书本上，而在生活中；

· 这个世界上最巧妙的教育，不是“花式说教”，而是引导；

· 这个世界上最不可缺少的教育纽带，不是沟通，而是亲密的亲子关系。

对于孩子，我们从来不缺乏爱，但我们缺乏的是爱的正确方式，一种更温情、更柔和、更符合人性、更容易被孩子所接受的方式。毕竟，我们都不希望最终赢得了教育却淡漠了亲情。

以上是一点教育上的心得，与大家共勉。

目录

第一章

最巧妙的教育，是将教育隐藏在日常相处之中

第二章

教育的第一步，是建立亲子间的情感信任关系

第三章

做孩子的“大白”：给予物质，不如用心地陪伴

第四章

玩是孩子的天性，是走进孩子内心的捷径

第五章

通过玩耍，我们可以给予孩子什么

第一章

最巧妙的教育，是将教育隐藏在日常相处之中

生硬的教育方式引发的家庭战争

朋友总向我吐槽，说感觉日子快过不下去了，每次和丈夫吵架，都不禁萌生出离婚的想法，而引发婚姻危机的根源，竟是孩子的教育问题。没有孩子的时候，两人的感情很好，但自从有了孩子，两人在孩子的教育问题上便开始产生分歧，且互不相让，互不妥协，进而影响了夫妻关系，甚至危及婚姻。

朋友的教育理念是：爱的教育，鼓励式教育，温润且多元化的教育。

其夫的教育理念是：奖罚分明，轻则批评教育，重则体罚打骂。

朋友多次与丈夫沟通，希望能够改变丈夫传统的、生硬的、粗暴的教育方式，但都没有效果。丈夫还是一如既往，并言之凿凿地说：

“老话讲，棍棒下面出孝子，不听话就得打，打了才能长记性。”

“老话讲，慈母多败儿，说得一点也没错，像你这样教育出来的孩子，能有什么出息！”

“老话为什么能够代代流传，那说明它是有一定道理的。”

……

朋友说，无奈的是在两种教育理念相碰撞时，她的“柔”总是敌不过丈夫的“刚”。常常是：她刚要对孩子好言相劝，丈夫一巴掌就打过去了；她这边刚鼓励孩子勇敢去做某一件事，转头丈夫就对孩子泼冷水；她和孩子一起守规则，丈夫却频频打破规则，让自己不受规则约束……

她说，她不是没有想过妥协，但孩子的教育是个大事情，如果放任不管，任由丈夫随心所欲，只怕孩子的一生都给毁了。轻则是造成孩子美好童年的缺失，重则是让孩子走向人生的两个极端：要么唯唯诺诺，胆小懦弱；要么性格极端，性情暴躁。

和这位朋友境遇相同的家庭，应该还有很多，夫妻中的一方，守着某些代代相传的传统教育方式，把父母曾经用在自己身上的那一套用在孩子身上，当家中出现反对的声音时，争吵便开始了。

科技在发展，社会在进步，不是所有东西都是旧的最好，我们应该去接受新的事物，新的理念，教育更该如此。

教育不应该是生硬刻板的，应该是活泼生动的、丰富多彩的；教育不应该是给孩子“强行灌输”，而应该是让孩子“乐于接受”。旧的教育理念不但生硬，过程也不美好，可能也能培养出一个有出息的孩子，但新的教育理念更科学、更正面、更生动活泼、更丰富多彩，在培养出一个优秀孩子的同时，更增进了父母和子女之间的情感关系。

是选择孩子优秀了，父母和子女之间的关系却僵硬、疏远、淡漠了；还是孩子优秀了，父母和子女之间的关系也柔和、亲近、和睦了。这是一道答案很明显的选择题。能不能实现这一选择，首先得看能不能做到；而能不能做到，又要看父母有多重视亲子间的关系。首先，父母还是先从改变固有观念开始，多听听别人的意见，多和身边的人交流育儿心得，多做一些研究与功课。从心开始，重新开始。

和孩子一起做个小实验吧

项目：会跳的泡泡

材料：手套，吸管，水，洗洁精，胶水

步骤：

1．将洗洁精、胶水、水依次按 1 ：2 ：3 的比例调配；

2．搅拌均匀后，就成了“泡泡水”；

3．用吸管蘸取泡泡水，吹出泡泡，用戴了手套的手去接泡泡，会发现泡泡不仅不容易破，还可以在手套表面弹跳。

知识点：

为什么泡泡水里要加胶水呢？

答：因为胶水可以增加水的黏稠度，使水分不容易蒸发，同时泡泡膜的强度也增加了，所以更不容易破掉。

最好的教育是引导

一说起教育，身边好多为人父母的朋友们都苦不堪言，直言从孩子生下的那一刻起，就注定要为这个小生命操一辈子的心，劳神费力，身心疲惫。尤其是那些孩子上了小学的父母们，更是叫苦连天，苦嘲自己："不写作业母慈子孝，一写作业鸡飞狗跳。"

其实，不只是在写作业的时候，只要是涉及教育问题，很多时候我们都控制不住自己。当自己向孩子说教而效果甚微时，焦急就会打败耐心，于是越说越会气急败坏，最终歇斯底里。

还有一个朋友向我抱怨说："为什么孩子总是不长记性，这样的孩子太难管教了。说他的时候，他听着，感觉他当时听进去了，可扭头就又忘了。于是我只好一遍又一遍地说，希望量变能够引起质的变化，到头来却发现，唾沫星子费了不少，孩子却依然是没过几天就忘了。"

我当时就跟这位朋友说："不是'当时听进去了，扭头就忘了'，而是当时他就没听进去，只是无力反驳，因为越反驳，你说得就越多，耗时就越久，情绪就越激动，所以只得装作乖乖听话，为的就是尽快结束家长的说教。这一点上，不要小看了孩子，他们可是很聪明的。”

我告诉她：“小孩子的教育是个精细活，不能简单粗暴，也不能图省事，最关键的是要会引导。”

她说：“我引导了呀，每天苦口婆心地跟他说，没打没骂。给他摆事实，讲道理，举例说明，明喻暗喻……各种语言技巧都用上了，可就是没用。”

我说：“你这哪是引导，你那是念经，是唐僧给孙悟空念紧箍咒呢，说得越多孩子越不爱听。”

语言沟通的确是引导方式的一种，但单一的语言灌输，再生动也只会沦为生硬的说教。沟通要讲求互动性，要有反馈，而且最好是自发性的反馈，孩子愿意沟通，态度积极，才能有好的效果。因此，环境及氛围的营造很重要，过于正式的沟通无形中会给孩子带来心理压力，让他很难在这种氛围中真正地敞开心扉。

在我看来，最不理想的教育方式有两种：一是无休止的说教；二是动则直接打骂。

无休止的说教，孩子耳朵产生了“抗体”，磨出了“茧子”，反而堵住了耳朵，更加听不进去了。

动则直接打骂，孩子身体就会产生“抗体”，越发皮实了，要么不把打当回事，要么伴着身体上的疼痛，心里在滋生着恐惧与恨意。

那么，最理想的教育是什么呢？

最理想的教育是最不像教育的教育，是巧妙地将教育隐藏在日常相处的点滴之中，不露痕迹，不那么刻板，不那么刻意。

最好的教育应该是引导与陪伴，是渗透，是润物细无声，是潜移默化。

和孩子一起做个小实验吧

项目：瓶子吹气球

材料：气球，塑料瓶，白醋，小苏打

步骤：

1．取适量白醋倒入塑料瓶中；

2．取适量的小苏打粉末装入气球中；

3．将气球的口端套在塑料瓶口上；

4．将气球提起来，让小苏打粉末进入瓶中；

5．气球被吹了起来，自己变大了。

知识点：

小苏打与白醋接触发生反应，产生二氧化碳气体，瓶内容不下时，就会溢到气球内。因为气球有伸缩性，所以会因为气体的充斥越变越大。

需要注意的是：小苏打粉与白醋添加的量要以气球的大小及弹性为准，如果气体产生过多，气球是会爆的哦！

引导的纽带是亲密的情感关系

我深入地研究了“引导”这两个字，并试图找出它在教育中应用的妙处。在教育中，我认为对于“引导”二字中的“引”可以理解为指引、引路，“导”则可以理解为向导。父母是孩子的向导，为孩子指引方向，朝着某个目标前进。

重点便在这里，在做向导的过程中，我们要将“导”细化、细分，如：领导，辅导，指导、疏导、劝导、诱导、开导、教导等。

很多时候，我们作为家长，更多的是在教导，让孩子知道某些行为是错误的；是在劝导，在孩子思想上深入教育，让孩子明事理，分对错；是在辅导，在学业上帮助孩子更好地汲取知识；是在指导，在更具体的方方面面对孩子进行重点指正引导。却常常忽略了领导、疏导、开导和诱导等。

教、劝、辅、指，这四导都不免显得有些生硬，不容易被接受，相比之下，领、疏、开、诱这四导则温和一些。

所以，教育中的引导，重点在“导”。但这并不代表“引”不重要，引导，引导，引在前，导在后，引是前提，是先行条件。只有“引”得好，所有的“导”才能发挥更好的效用。那么，引的重点又是什么，核心要素是什么呢？

答案是亲子间的情感关系，“良好的”亲子情感关系。

用良好亲子情感关系在前面引路，将良好的氛围始终贯穿于整个教育行为，那么一切就温润了许多。

举个例子来说，同样是在孩子爱玩手机这个问题上的教育，我的丈夫可谓软硬兼施，哄也哄了，吼也吼了，强行没收也做了，先礼后兵，软的不行来硬的。可孩子却偏偏敬酒不吃，罚酒也不吃，气得他直跺脚。但往往我来教育，孩子就十分愿意听。这是为什么？

撇开我与孩子之间制定的某些规则不说，就情感关系上，父亲与孩子之间关系的亲密度远不如我。当然，这可能与夫妻家庭分工有关，从孩子出生到现在，与孩子相处最多的就是我，这便使得我有更大的优势与孩子制造亲密的情感关系。

所以，正是因为我和孩子之间更为亲密的情感关系，孩子更愿意听我的。而对于爸爸则是“顺我者昌，逆我者亡”，你顺着我我就乖，你不顺着我我就不听话，绝不屈服。

这让我想起了学生时代的我，诸多科目老师之中，有些老师的话我更愿意听，更乐意听，而有些老师的话则不爱听，但迫于老师的权威，我只能明着听，暗里不服。道理其实是一样的，差别就在于不同的老师与学生之间的情感关系的不同，情感关系良好的状态下，学生更乐于听从教诲，情感关系恶劣的情况下，学生容易心生叛逆。

所以，好的教育工作者一定是一个好的引导者，好的情感关系建立者，懂得利用情感关系来诱发孩子的自主性，让孩子自发地驱动起来，而不是自己做驱动，推着孩子走，推不动就撬，撬不动就使用蛮力鞭打，甚至威逼利诱。

趣味小知识

为什么用舌头舔刚从冰箱拿出来的冰棍会被黏住呢？

答：因为冰的温度很低，导热性很强，可以很快将舌头上唾液的热量带走，使唾液冷却结冰，舌头便与冰棍黏在一起了。这种现象不会持续太久，因为舌头产生的热量会渐渐化解冰棍与舌头的连接。

情感关系的建立，关系到一个家庭的幸福

人与人之间的关系必定是附带着情感的，只是多与少，好与坏的差别罢了。

夫妻间情感关系的和谐关系到婚姻的幸福和走向，甚至是存亡；而亲子间情感关系的好与坏则不仅关系着家庭教育工作的开展，也关系着整个家庭的氛围与幸福。

有朋友调侃说："血缘是砍不断的，这世界最有资格对一个人严厉的就是他的父母了，小的时候对你严厉点，难道你还能断绝父（母）子关系吗？终归还是要回归和谐的。"

也有朋友说："孩子小的时候不懂事，长大了，为人父母了，就能够理解父母当初的良苦用心了。什么仇啊怨啊的，就都会自行化解了。"

身边这样的声音太多了，核心的思想里还是对建立亲密的亲子情感关系不太重视。

我最怕听到的一句话就是："我小的时候不太听话，爸妈又打又骂，长大以后和父母之间的关系也没见多恶劣嘛。"

拿自己亲身经历来说话，看似很有说服力，其实不然。自己的亲身经历只是个例，即便身边也许还有几个与自己情况相似，也只能是少数情况，不能以偏概全，更不能代表大数据说话。

再者，每一个人都是独立的个体，相同的境遇，不同的人会有不同的感受与情感走向。有的人天生神经大条，乐天派，不记仇，容易与过去的不悦经历和解，但有的人天生敏感，性情易忧易悲，感情易伤，一旦在情感关系建立的关键期与父母交恶，那么这个恶便渗透到了骨子里，即便成年也很难改变。即使在理智上他想要与过去的自己和解，但情感上他做不了自己的主，因为在心里生了根的恶，每拔一次，就疼一次。

所以，我们不要只看某一个或几个人在恶劣环境中亲子关系的走向有多乐观，也要看到那些在恶劣亲子关系中挣扎、纠结、抑郁的人们，他们的家庭氛围是什么样子的？

有的家庭，孩子长大翅膀硬了之后，便完全脱离了父母，不受管教，成为父母日日念叨的“不孝子”；

有的家庭，父母与孩子一天说不上几句话，要么说了得不到回应，要么是不知道该说些什么，成了最熟悉的陌生人；

有的家庭，打开门来一片祥和，关起门来鸡飞狗跳，一切美好只是表面，内里早已是千疮百孔；

……

在亲子情感关系恶劣的家庭中成长起来的人，如果能够保持内心的阳光，保有感受欢愉的能力，扭转人生，始终面朝大海，在潮起潮落中感受美好，在春暖花开中感受芬芳……那么这是天大的幸运，但我们不能保证所有人都如此幸运，这其中可能也包括我们的孩子。

如果这是一个概率问题，那么即便幸运的人占大概率，不幸的人占小概率，我们就要拿孩子的一生和整个家庭的幸福作为赌注去赌吗？

教育不是赌博，不是赢面大就可以上的，这个赌资我们输不起，这个赌桌我们压根儿就不该坐上去。

如果非要赌，那么我们就赌一赌建立亲密的情感关系后，一个家庭的走向。如果既建立了亲密的情感关系，又维持了一辈子，让孩子从小幸福到大，那么，这才是真正的人生赢家。

再者，为什么说一个家庭幸福的关键在于“夫妻关系永远高于亲子关系”？并不是说夫妻关系比亲子关系更重要，而是夫妻关系很大程度上影响着亲子关系，如果夫妻关系不和谐，不融洽，矛盾不断，争吵冲突不断，那么又如何建立亲密的亲子关系呢？

孩子对于情感的认知，其中一部分便来自父母之间的情感关系，孩子作为第三方，作为与父母朝夕相处的旁观者，对于父母之间的相处肉眼可见，内心可感。所以父母的关系不仅会影响到孩子与父母之间的情感关系建立，同时也很大程度上会影响到孩子未来的婚恋观，家庭观。

情感关系建立的前提是要建立良好的夫妻关系，其次是良好的亲子关系，这样的家庭温馨、和谐、欢乐、幸福，虽然眼泪难免也会有，但更多的笑声会淹没一切，化解一切负面的东西。

趣味小知识

金属也能把舌头黏住，你知道这是为什么吗？

答：金属只有在温度很低的情况下才能黏住舌头，和冰棍的原理一样，不过金属的导热性更好，舌头被黏上的速度更快，而且舌头产生的热量不容易化解。所以，如果你在冰天雪地里舔金属被黏住，千万不要拉扯舌头，小心受伤哦！

亲子相处模式中的几个雷区

●情感绑架，逼孩子听话

“我这么辛苦为了谁？还不都是为了你。”

“爸妈这么做都是为了你好，你怎么就不明白爸妈的苦心呢？”

“你觉得你对得起我吗？”

“我生你养你，不图有恩，总没有过吧？你这是要把我往死里逼吗？”

……

这样的话对于很多人来说太耳熟了，即便不是一字不差，但类似的话在成长过程中应该都曾从父母的口中听到过。小的时候我们不懂，只知道这些话从父母的嘴里说出来，听在我们的耳朵里，总感觉不是那么舒服，有时感觉父母很烦，有时感觉父母很可怜，有时感觉自己很可恶，有时感觉自己喘不上气，想要逃离。

长大以后，我们才知道，这是一种情感绑架，是父母利用“负罪感”控制了我们，让我们成为负罪感的傀儡，越是想要减轻负罪感，就越是被其所迫，不敢反驳父母，不敢表达自我，不敢勇敢追求，不敢果断抉择，甚至在一些人生大事的选择上，也不是以自我追求为标准，而是以父母喜好为准则，从而去做选择。

被情感绑架的人生是压抑的，是暗淡无光的，我们努力成为父母的光，却将自己置身于黑暗。

因为我曾在这样的痛苦里挣扎过，所以我太了解这其中的感受了。

父母大概是不懂什么是所谓的情感绑架，也不知什么是科学的教育方式，就觉得“你只要乖乖听话就好了，我又不会害你”，不讲究用什么方式。

他们不知道的是，这样的话他们每说一次，对于孩子来说都是一次伤害，孩子心里的压力更重一分，愧疚感更强一寸。也许他们要的就是这样的效果，这个方法有效，恰恰说明孩子够懂事。但其实，这种隐性的伤害会伴随孩子一辈子，成为孩子一生的阴影。

有些孩子从此没有了自我，成了父母的附属品，努力或是习惯性地压抑自己的需求与想法，只是为了去迎合父母，这样一方被迫性地一味妥协，另一方始终站在道德制高点享受这份妥协的家庭关系，是扭曲的，是病态的。

在这样的亲子关系中，孩子并不能享受到愉悦感，成年后的他们甚至病而不自知，患上社交障碍、行为极端、易怒易躁等心理疾病。处理不好与同事、朋友之间的关系，也平衡不了爱人与父母之间的关系，更可怕的是他们可能会将积压许久的负面情绪发泄到孩子身上，让下一代成为“另一个自己”，使自己在曾经父母的角色上享受操纵的快感，即便并不那么愉悦。他们也许认为：这大概就是人生，不总是美好，尽是无奈。

无意中听到隔壁邻居教训孩子，说："我为了生你差点死在产房里，为了更好地培养你放弃了那么好的工作，全心全意在家带你，伺候你，照顾你，可你是怎么报答我的？就是这么气我的吗？"

因为厨房的窗户只隔着一个天井，邻居嗓门又大，所以类似的话我听得太多了，眼看着一个活泼可爱，甚至有些调皮捣蛋的孩子，变得越发乖巧，这份乖巧里透着股淡淡的忧伤……我想，父母也许是省心了许多，但孩子的内心却少了些童真，多了份沉重。

和孩子一起做个小实验吧

项目：让牙签在水里游起来

材料：水盆，肥皂，水，牙签，小刀

步骤：

1. 将水盆盛半盆水；
2. 用小刀将牙签的一头劈开；
3. 用小刀在肥皂上取一小块肥皂，嵌入到牙签劈开的位置；
4. 将嵌有肥皂的牙签平缓地放入水中；
5. 牙签会在水里游动起来。

知识点：

这个实验利用的是水的表面张力，因为肥皂在水中溶解时所产生的表面张力比水的表面张力更大，所以就可以推着牙签往前游动。

●“一方独大”，制造出的亲密关系是假象

亲子关系是指父母与孩子之间的关系，所谓的“一方独大”，就是两者之间的某一方完全占据制高点，拥有绝对的权威。

要么，父母独大，孩子只能无条件地听话，是独裁式教育，违抗者，要么经济制裁，要么道德批判，要么口诛体罚。

要么，孩子独大，生活中的一切都以孩子为中心，父母无条件地宠溺，对孩子有求必应，哄着惯着，孩子是家里的小皇帝，父母连臣子都算不上，在孩子面前像个奴仆。

一个朋友的朋友（关系有点绕），我和她并不太熟，但我们有个共同的朋友，彼此和这个朋友的关系都还不错，所以通过这个朋友我对她也有些了解，偶尔在朋友家见过几次面。她便是我身边为数不多的，我见过的最为宠溺孩子的一个母亲。

她的孩子长得不错，天生丽质，净挑了父母的优点长，但不讨喜的就是过于蛮横、跋扈，这一点从小孩子之间的相处便看得出来。

听说，就因为孩子的问题，她已经在小区的“妈妈圈”里臭名昭著了，是出了名的孩子奴。因为孩子之间争玩具、打闹，她已经

得罪了很多妈妈，凡是惹到她家孩子的，睚眦必报，见不得自家孩子受一点委屈。

我是真真地见过一次，她家孩子拿石头砸了别人家孩子的脸，差点伤到眼睛，她连忙去关怀，但她却没有批评自家孩子的意思，反而替自家孩子解释了起来。她将自家孩子拉到身边，站在被砸孩子面前，温柔地对自家孩子说：“你为什么要砸他？是不是觉得他手里拿着枪，怕他会攻击你啊？”

她家孩子显然是被吓到了，但听了妈妈的话，犹豫地点了点头。

得到自家孩子的回应后，她扭头对被砸孩子说：“你看，他不是故意的，你拿着枪对着他，他以为里面有子弹，所以才会砸你。下次你要告诉他，‘我是和你玩的，这枪里没子弹’，知道吗？不过，阿姨要告诉你的是，不管你的枪里有没有子弹，都不能对着人……”

没等她说完，被砸孩子的妈妈实在忍无可忍了，拉过受了伤正在哭泣的孩子，对她说了一句：“你可真有意思，你儿子砸了人，你不批评自己孩子，反倒教育起受害者来了。”

说完拉着孩子头也不回地走掉了。可想而知，她在妈妈圈里又少了一个朋友。

她曾对着我们侃侃而谈，谈她是如何为孩子牺牲，如何爱护孩子，为了孩子甚至不惜去幼儿园闹事，找班级老师的麻烦，逼着老师向她的孩子道歉……她自豪地说：我的孩子就是我的逆鳞，触之必怒。

我相信她是爱孩子的，孩子对于她来说，真的是捧在手里怕碎了，含在嘴里怕化了，所以一味地骄纵，给予孩子至高无上的权利，让孩子凌驾于一切之上。哪怕是孩子对她呼来喝去甚至打骂，她也舍不得打，舍不得骂，始终温柔以待。

我可以预料，她万般珍爱的孩子，最终会毁于她的爱。

一方独大，真的没有矛盾吗？

答案是否定的，父母独大是用强者姿态镇压了矛盾，孩子独大是父母用溺爱咽下了矛盾。所以矛盾并没有消失，所谓的亲子间的和谐只是假象罢了，前者容易造就的是怨恨，后者容易造就的是冷漠。

有趣的“脑筋急转弯”

什么东西天气一变热就开始往高处爬？

答案：温度计。

●过于情绪化，亲子关系不稳定

还有一种父母，情感管控力差，在与孩子相处的过程中，无法控制自己的情绪，任由情绪来左右自己的行为。这个主要表现为：心情好的时候，爱孩子爱得要命，对孩子和颜悦色，有求必应，孩子犯错时宽容度也高；心情不好的时候，看什么都不顺眼，把气撒在孩子身上，鸡毛蒜皮的小事也要好好教训一番。

刚开始的时候，孩子没摸索到规律，感受到爱的时候，心里便暖暖的，开了花；感受到“暴风雨”的时候，伤心、委屈、无奈、怨恨，就像恶之花在心里绽放。

渐渐地，孩子知道了：父母的情绪就像变幻莫测的天气，没有准确的预报，这一刻晴空万里，下一刻也许就会雷雨交加。

孩子在这种爱里徘徊、飘忽、无措，因为他们知道天气不会一直晴朗，即便天空万里无云，他们也无法安心享受欢愉。

原本亲子关系是悲喜分明，悲则悲，喜则喜，到后来，悲是悲，喜亦是悲。孩子始终忐忑，他们无法也无力将与父母的关系稳定地保持在一个良好的水平线上，至少不会浮动那么大。

这种感觉就好像去游乐场坐"跳楼机"，而且是坐上就下不来的那种。上升的感觉很美妙，跌落的感觉很可怕，到后来，上升的感觉也变得恐怖，因为上升的美妙已经被跌落的预期痛苦彻底侵占。这个时候，其实一直待在最高处也好，一直待在最低处也好，稳定反而成了孩子最奢侈的愿望。

当孩子试图摸索规律，学着察言观色时，就说明亲子关系已经恶化了。

在孩子未有能力反抗时，他所做的努力（比如察言观色）只是为了自保罢了；当他有能力反抗时，父母的好与坏都很难再讨得他的欢心了。因为他的心性已经变得冷漠了，这是常年习惯在飘忽不定的关系中打磨出来的保护色，渐渐地已经成了他们的本色。

和孩子一起做个小实验吧

项目：神奇的颜色

材料：紫甘蓝，热水，杯子7个，白醋，碱面，柠檬，白糖，小苏打

步骤：

1. 取几片紫甘蓝切成细丝，放到杯中，倒入少量热水浸泡；

2. 泡出较深颜色后，将紫甘蓝捞出，只留下紫色的水；

3. 取6个杯子，分别用白醋、碱面、柠檬、白糖、小苏打加水混合成5种不同的液体（柠檬取汁即可），剩下的一个杯子放入白开水；

4. 将紫甘蓝水分别倒入醋水、碱水、柠檬水、糖水、苏打水和白开水中；

5. 神奇的一幕便发生了：原本没有颜色的液体，不但都有了颜色，而且还是不同的颜色。

知识点：

紫甘蓝中含有叫花青素的物质，遇到酸碱性不同的物质便会发生化学反应，呈现出不一样的颜色。仔细观察的话，是不是会发现：遇酸会变得偏红色，遇碱会变得偏蓝色，中性液体中就显紫色。

●连哄带骗，敷衍式相处

情景一：

儿子拿着自己搞的“小创作”问爸爸：“爸爸，你看我做得好不好？”

老公看着手机，头也没抬地回了一句：“好。”

“你都没看！”儿子又急又气。

“看了看了，你做的时候我已经偷偷看过了，你不知道而已。”

我白了老公一眼，心想：谁信你的鬼话！

情景二：

儿子在画板墙上画画，扭头问爸爸：“爸爸，你看我画的像什么？”

“像什么。”老公吃着饭，反应迅速，条件反射般地说道。

“我问你呢！”孩子大叫道。

“你先画别的，吃完饭我再好好看看。”

“你又骗我！我有点讨厌你了。”孩子一脸的怒气。

……

类似的情景时常会在家中上演，起初，我被孩子的过激反应惊到，觉得和我待在一起挺温和的孩子，怎么突然脾气这么大？于是我教育他，不可以这样对着爸爸吼叫，太不礼貌了。

原本孩子只是生气，听我这么一说，反而大哭起来，一脸的委屈。

看似微不足道的小事，容易被我们不当回事，但无形中却在孩子心里扎了刺。我们会觉得，不就是父母逗孩子玩，回应得不太认真而已，反而是现在的孩子太娇惯了，要求太多。可事实上，孩子的要求多吗?

他们只是希望得到真诚的互动而已。

他们孩子闹脾气是因为太矫情吗?

他们只是因为感觉自己没有受到尊重，情感没有受到重视而已。

都说孩子是父母的影子，父母是孩子的镜子，父母的行为会影响到孩子的行为。在相处过程中，你所给予孩子的，终有一天孩子会以同样的方式反馈给你，甚至成为自己人格的一部分，贯穿他的整个人生。

所以，别在孩子还不知道什么是“敷衍”的时候，让他感受到敷衍，学会了敷衍。从此敷衍父母，敷衍老师，敷衍同学，敷衍生活，敷衍人生……

渐渐地，孩子对父母的态度开始转变，互动请求变少，对父母的沟通同样表现敷衍，只沉迷于自己的世界时，这个时候作为父母就觉得轻松了吗?

我承认会有一时的快感，同样的空气里仿佛多了些自由与安逸的味道，但很快我便意识到：这是危险的信号，这说明孩子已经放弃了与父母建立情感关系的主动性，退居被动，如果不及时挽救，那么被动会沦为不动。

当风水轮流转，你开始频频示好，而孩子从敷衍到懒得敷衍，无动于衷时，亲子间的关系又该何去何从？

趣味小知识

为什么向日葵总是向着太阳？

答：并不是它的花喜欢太阳，而是它的茎部有一种很怕光的“植物生长素”。这种生长素遇到光线照射时，就会转到背光的一面躲避。它的到来会让背光的一面受到刺激使得细胞繁殖迅速，因此，背光的一面通常也比向光的一面长得快，也就造成了向日葵的“向光性弯曲”。

●各自为营，放任式教育

情感关系的建立一定是要互动的。没有互动，没有交流，拿什么来催生情感并且加深情感？

就好像我老公的一位朋友，从老婆怀孕开始便选择了分居生活，他坚守在城市打拼，老婆在老家养胎，待产，坐月子，照顾孩子，直到孩子在老家上了小学，这种状态也没有改变。

一次好友小聚，这位朋友也在，醉酒之后诉起了衷肠。他说，自己辛辛苦苦在城市里打拼，平时回不去，只有小长假能回去待几天，“可是，我女儿见了我就跟见了陌生人似的，那生分的呀，我都觉得心里扎得慌，真不是滋味……”

他说，孩子也知道那是她爸，也知道爸爸在外面工作辛苦，是在为了家里付出，但是孩子毕竟是孩子，情理最终敌不过真实的内心。

尤其女孩子生性敏感，情感方面懂事更早，她也许也觉得爸爸可怜，想要亲近，但无奈相处的时间太少，从生下来起就没有打下深厚的情感基础，所以心里想了一万步，脚上却迈不开一步。

他也思考了很久，自己辛苦工作是为了什么？如果和孩子之间情感缺失，疏离，生分，让孩子感受不到父爱，那么给孩子再好的物质条件又有什么用呢？

“一家人一定要在一起。”

“一定要陪在孩子身边。”

他一遍又一遍地说。最后他决定要么自己回老家发展，要么把老婆孩子接到城市里来。

对于我的这位朋友来说，他在教育上的放任不是真正的放任，而是出于无奈，“鞭长莫及”。但又有多少人，明明在孩子身边，却选择了放任，不作为！

“放任式教育”的存在有两种情况：一种是刻意为之，作为一种教育理念，觉得要遵从孩子的天性，不要干涉太多，管教太多，娇惯太多，宠溺太多。对的，错的，都让孩子自己去趟，自己去经历，去感受。只有摔倒了，摔疼了，才能长教训。让孩子从小习惯独立，习惯自己做主，习惯承担责任，承担后果；另一种是任性为之，就是不想管，懒得管，不想让孩子影响到自己的生活，但为了减少内心的愧疚，便假借第一种情况安慰自己，告诉自己这种方式两全其美，既互不干涉，又让孩子学会了独立、自主、勇敢、担当、抗挫。

放任式教育，乍一听很有道理，但其实经不起推敲。教育孩子，我们可以选择性地放任，但不能完全放任不管，完全放手无异于是让孩子自生自灭。

· 如果孩子犯了错但不改，一错到底呢？

· 如果孩子因为奔跑摔倒了，摔疼了，以后再也没有勇气奔跑了呢？

· 如果孩子遇到了无法承担的事，自知求助父母无门而选择极端的方式逃避呢？

新闻里一个孩子失踪好几天父母都没有察觉，认为他“指不定去哪个同学家了”，这是怎样的一种放任？

一棵树，可以让它经受风雨，但不能让它感受不到阳光、温暖，更不能任由它长歪长残；可以考验它，但也要引导它，修整它，这样才能长得更好。

有些人可能会说，平时轻易不出手，但必要时会出手。但我想说，从来不出手，突然出手了，孩子会接受吗？

放任得久了，孩子也习惯了，这个时候的关爱在孩子看来，不仅显得突兀、生疏，而且更觉得是一种干涉。

有趣的“脑筋急转弯”

有一种小生物，你打死了它，流的却是你的血，它是什么？

答案：蚊子。

孩子最渴望获得情感关注的几个关键时期

孩子最渴望获得情感关注的时期，是与孩子建立亲密关系的最佳时期，也是最容易建立亲密亲子关系的时期。

· 哺乳期。这个时期，孩子正在探索、认知这个世界，一切都是新鲜的、新奇的，同时也是陌生的、恐惧的。他们既渴望探索，又缺乏安全感，所以，迫切地想要寻找情感依靠从而获得安全感。他们首先会从身边最常接触的人入手，因此首选通常是妈妈。

这个时期的孩子因为无法用语言表达自己的需求，所以通常会用哭闹来引起父母的注意。因此，不要觉得孩子总是哭闹，太烦人，那是孩子不得已的表达方式，是“求关注”的信号。

· 1 岁半至 3 岁半左右。这个时期，孩子学会了走路，有了简单的语言表达能力，能够向父母表达自己的需求，与父母之间的沟通也不再是“全靠猜”。对于解锁的新功能，他们乐此不疲，小腿跑个不停，小嘴巴说个不停，把父母累得够呛，父母偶尔也是听得云里雾里……

这个时期的孩子虽然能跑能说，生理上成长了许多，但心理上依然缺乏安全感，渴望父母能够一直保持关注。对于孩子来说，“跑”和“说”的快乐是建立在父母的关注之上的。

在断奶之前，父亲这个角色是很难介入到母子的亲密关系之中的，所以在断奶之后的这个时期，是父亲开始进行情感介入，在母子关系中占得一席之地的最佳时期。

· 3 岁半至 6 岁半。这个时期，孩子已经上了幼儿园，进入集体生活，接触更多的人和事，这个对孩子本身既是新鲜的，却又是恐惧的。如果可以带父母去上幼儿园，那孩子是一百个愿意，但现实是他们必须独自去面对新环境。

因此，这个时期的孩子对父母的情感需求会更强烈，一方面是因为分离焦虑症的关系，恐慌、缺乏安全感，所以更渴望父母的关爱；另一方面，有的孩子在适应了幼儿园生活后，有了分享与倾诉的需求。可有的孩子会在进入幼儿园后对幼儿园的生活闭口不谈，这种时候其实更需要父母的关爱，主动与他们沟通，引导他们倾诉，从而释放压力，打开心扉。

在这几个时期如果无法与孩子建立良好的情感关系的话，那么当孩子步入小学，有了独立自主的性格，有了自己的朋友圈，与他人（比如同龄人）建立了较为稳定的情感关系，与父母已然生疏时，再想与孩子建立融洽、良好的情感关系，就难上加难了。

小学阶段对于父母来说，同样也是与孩子建立情感关系的关键时期，但对于孩子来说，却不是渴望父母关注的重要时期。因为学业的关系，这个时期的父母并不讨喜，与其说父母把注意力放到了孩子身上，不如说是放到了学业身上；父母将“辅导作业”魔鬼化，对于孩子来说又何尝不是如此。所以，这个时期的孩子是巴不得父母可以忽视自己，不要过多地关注自己，总盯着自己。

当孩子带着防备时，想要进入孩子的内心，自然是不容易的。

所以，与孩子建立亲密关系的关键时期，总结起来其实就是一个时期：小学之前。

和孩子一起做个小实验吧

项目：寻宝游戏

材料：找一件可以当作“宝物”的东西，玩具、神秘的礼物均可

规则：

1. 父母将宝物藏好，让孩子找；

2. 如果难度大，可适当给予提示，如“它在黄色东西的附近”；

3. 宝物本身就可以是奖品；

4. 如果宝物只是一个普通道具，则可以另设奖惩规则。

亲子关系中，父母的角色定位

我有那么固定的几波朋友，经常性地会聚一聚，男士们打打牌，喝喝小酒，女士们厨房里忙活，餐桌上也组成了自己的团队，聊聊孩子，聊聊老公，聊聊育儿，聊聊婚姻与情感。

有一次，聚会地点定在了老丁家，几组家庭陆续而至，酒肉满桌。饭后简单地收拾之后，孩子们在书房扎堆玩乐，女人们坐在客厅吃着茶点聊着天，男人们则继续在餐桌上把酒言欢。

“小菲，来！去给爸买盒烟！”他喊的是独自一人正在自己卧室写作业的大女儿。

“我作业还没写完呢，我不去。”女儿努着嘴，哼唧着，撒娇似的说道。

“去！回来再写！”不知是借着酒劲还是怎么，老丁的语气更重了些。

“我写作业重要还是你吸烟重要？我又不是在玩，我这好好地在写作业呢，你就不能找别人去买吗？妈——你看我爸……”大女儿态度强硬但语气软弱地反驳道。

“叫你妈也没用，就冲你敢顶嘴，我今天还就非得让你去不可。我跟你说话呢，你给我出来！跟你爸说话屁股坐那一动不动的，这是对长辈的态度吗？”老丁吼了起来。

“我就不去，呜呜呜……你不讲理……”大女儿把门一关，把自己锁在房间里面哭了起来。

紧接着，老丁媳妇也发飙了：“你这个人就是这样，我也觉得你不讲理，平时吵也就算了，今天这么多朋友都在，我是真的不想和你吵……”

朋友们也都纷纷劝说，说不要打扰孩子写作业，也说别的孩子都在玩，她能专心写作业，多好的孩子之类的话。

老丁一听却急忙摇头，说出了自己的一套理论：

· 小孩子顶嘴，一定不能纵容，不然父母威严何在；

· 永远不要和孩子谈平等，父母与孩子怎么可能平等？

· 就是要让她怕你，她不怕你，那这孩子你就管不了了；

· 年龄段很重要，5 ~ 10 岁这个时间你治不住她，再大点根本就治不住；

· 现在的影响是一辈子的，现在她怕你，以后她会怕一辈子；现在不让她怕，以后她会把你当回事吗？

……

老丁媳妇在旁边嗤之以鼻，试图用在场的“悠悠众口”来说服自己的丈夫。

但结果却是，悠悠众口也敌不过一个男人的固执，所谓寡不敌众，有时也未必。

父母与孩子之间应该是什么样的关系？父母应当扮演的是什么样的角色？

老丁认为，父子之间必须是严格的上下等级关系，不存在平等，父亲是天，是上级，拥有绝对的权威，不容挑衅与质疑。

但事实上，我们更多人认为，父母与孩子之间的关系需要“刚柔并济”，一味地刚或柔都无法使亲子间的关系达到一个良好的平衡状态。

尊卑是要讲的，父母的威严也可以有，但它的形成方式也很重要，不是由强权、镇压，再通过恐惧等硬性手段让孩子卑微到骨子里，而是在懂得尊重孩子的基础上，以平等的姿态去与孩子相处，在融洽温暖的良好氛围下，更好地引导孩子。一个温和的父亲不代表没有威严，不是有一个词叫“不怒自威”么？

趣味小知识

蛇没有脚，怎么还会走路呢？

答：蛇虽然没有脚，但它的皮肤表面有很多的鳞片，这些鳞片既可以保护它的身体，也可以作为它的“脚”。蛇在爬行时，身体会呈“S”形，每一片S形外边的鳞片会翘起来帮助身体抓住地面，保持身体稳定性的同时与身体内的肌肉互相配合，推动身体向前爬行。

别烦了，快来
和我们一起玩吧！

第二章
教育的第一步，是建立亲子间的情感信任关系

听从与信服是两回事

就拿前面老丁的教育理念来说，他讲求的是“强权主义”，孩子在父母面前，尤其是在父亲面前，必须恭恭敬敬，凡事听从。他就好像是坐在皇位上的天子，认为孩子是最危险的臣子，一旦孩子不服从于自己，那就无异于是“乱臣贼子”，会反了他的天。

所以，他容忍不了质疑与反抗，他所希望的是“君叫臣死，臣不得不死”般的服从，如此一来，即便孩子日后继了位，自己做了太上皇，说的话也依然很有分量。

可是，教育的目的是什么？难道为的只是训练出一个听话的木偶吗？

我觉得不是，教育的目的不应该是训练出一个听话的木偶，机械地按照父母的话去做，成为一个没有灵魂与生机的傀儡，而是让一个有血有肉有思想的生命个体，真心地愿意去接受引导与指导，朝着更积极、更阳光的未来走。

再者说，要治服一个人，重点在“服”，要让对方从心里“服”，而不是使用强压手段逼得对方不得不低头，那么他的听从与服从就都是表面的，是迫于无奈的妥协，而真正的内心想法却是另外一个样子。

这种情况我认为是“从”大于“服”，而且大概率是“盲从”、“伪从”。通常会造成两种极端：

· 隐藏自我。面从心不从，火焰在深层积压，终有一天会大爆发，那时亲人便成了仇人。

· 泯灭自我。从着，从着，便成为习惯，在习惯中丢失了主见，迷失了自我，变得唯唯诺诺。

所以，有时候我看到身边一些原本活泼、阳光、大胆的孩子变得越发“乖巧懂事”时，会有些隐隐的心酸，因为这份乖巧懂事中沁着一丝卑微、怯弱与迷茫。我不知道他是在隐忍还是在迷失，不知道日后的他终将爆发还是沉沦……

孩子的成长离不开教育，但教育的核心手段应该是深入孩子的内心，而不是流于表面的听从。

和孩子一起做个小实验吧

项目：拉不开的两本书

材料：两本书

规则：

1．将两本书的书口相对；

2．两手分别从中间书口处各卷起一本书的一半，接着向中间稍稍拉近两本书的距离；

3. 从底页开始，左手边的书落下一页，右手边的书往这一页上叠一页；

4. 如此反复，将两本书的每一页层层重叠；

5. 叠好后，两个人分别拉一边书脊，用力将它往两边拉开；

6. 你会发现：两本书就像吸住了一样，怎么也拉不开。

知识点：

这个实验的原理是“人的拉力”和“物体的摩擦力”。当拉力大于摩擦力时，物体会被分开；当拉力小于摩擦力时，物体就很难分开。摩擦力的大小与物体表面的光滑度有关，越光滑摩擦力就越小。由于书本的纸张表面粗糙，每一页相叠时便产生了摩擦力，相叠的面积越大，层数越多，摩擦力就越大。所以，人的拉力便很难拉开。

良好亲子关系，可以增加信服力

良好亲子关系可以增加信服力。且不说孩子，就拿我们自己来说，同样的话，不同的人来说，产生的结果就不同，这个结果指的就是我们的情感感受和行为走向。

就比如说，有两个人对你说了同样的一句话——“你就不能不对别的男人笑得那么开心吗？我心里感觉不舒服。”说这话的，一个是你喜欢的人，一个是你不喜欢的人，你会有什么感受？

对于你喜欢的人，你会觉得甜甜的，吃醋说明心里在乎；对于你不喜欢的人，你会觉得“这人有病吧”。

再讲个实例，一次在我家举行朋友聚会，我事先为小朋友们准备了冰淇淋，当孩子们在为冰淇淋兴奋欢呼的时候，朋友老李却对自己的儿子说：“小易，你可不能吃，你感冒刚好，最近都不能吃太冰的东西。”

“不要，我的感冒已经好了，好了就是没有生病了，没有生病为什么不能吃！我就是要吃！”老李的儿子说着便也要去拿。

这时我的老公笑着说了一句：“小易，感冒刚好确实不能吃太冰的东西，因为病虽然好了，但身体因为和病魔的抗争刚刚结束，也正是虚弱的时候，这个时候如果吃太冰的东西身体肯定会受不了，身体受不了就可能会再次生病，甚至比之前更严重……”

“那我就不吃了，不过吃水果应该是可以的吧？”小易瞬间就妥协了。

这把在场的人都逗乐了，纷纷调侃老李这个当爸的讲话没权威，老李也纳闷了，说：“同样的话，我在家里说了多少遍都没用，怎么你三两句就让他乖乖听话了呢？”

后来还是我家孩子给我解了迷，他说，小易曾和他说过几次：“如果你爸爸是我爸爸就好了。我爸爸可讨厌了，每天抽烟，喝酒，打游戏，玩手机……你这个爸爸多好。”

其实，并不是我老公多完美，他也吸烟、喝酒、打游戏、玩手机，只是小易没有看到他的全貌罢了；也并不是我老公与小易的情感关系有多亲密，而是即便并不熟悉，但从好感度上，我老公更胜于老李。因为有好感，所以他的话就更听得进去。

所以，人与人之间，“良好的情感关系”是可以增加信服力的。朋友之间如此，情侣之间如此，上下级之间如此，亲子之间亦是如此。

因此，谈教育，首先要让孩子真心真意地信服我们，那么与孩子之间建立良好的亲子关系就尤为重要。

信任本身就是一种心理感觉，所以，对于某个人的信任感如何，信服力如何，两人之间的情感关系会在很大程度上影响着这种心理感觉。关系亲密的，信任感会更强一些；关系冷淡的，信任感就一般；关系交恶的，我只想说：他连你这个人都不待见，还谈什么信任呢？

所以，信任是需要一定的情感基础的，只有让一个人在情感上先接受了你，才能真正地从内心接受你的话，大人如此，孩子也是如此。

趣味小知识

为什么白天看不到星星？

答：不是星星灭了，而是太阳辐射的光线太强了，天空太亮，星星的光就不明显了。

从对立的关系中走出来

想要建立良好的亲子关系，增加彼此的信任感，首先我们要做的就是和孩子从对立的关系中走出来。

“对立”的关系，最典型的特征就是冲突、对抗、信任度极低，这样的关系一定是不利于建立亲密关系的。尤其是父母与孩子之间这种朝夕相处的情况，生活在一起的人，接触得多了，引发对立情绪的事情也就多了，有时哪怕是一件微不足道的、鸡毛蒜皮的小事，也可能引发冲突。时间久了，积攒的负面情绪会产生恶性变化，即由“对立关系”演变成“敌对关系”。

所以，很多时候，敌对关系是对立关系的升级。

对立关系中，被抑制、被迫妥协、处于弱势的一方，通常是最容易产生敌对情绪的一方。比如上级领导和下属，老师和学生，父母与孩子，如果互为对立关系，那么强势的一方通常能够以某种手段和权势压制住弱势的一方，所以，涉及到具体事物时，最终妥协的通常会是弱者。

这是一种不甘心的妥协，内心不愉快便会产生负面情绪，一次，两次，三次……每一次妥协都会伴着旧有的不快产生新的不悦，“心里的不痛快”渐渐地就演变成了厌恶、憎恨、仇视。

有些敌意藏在内心深处，隐忍而不发，直到被坏情绪彻底压垮，成为灵魂缺失的躯壳，没有了坚持自我的斗志。

有些敌意起初隐忍不发，但终会爆发，就好像那句“不在沉默中爆发，就在沉默中灭亡”。于是，当某一天弱者的“翅膀硬了”，他会痛快地表露自己敌意：他不在乎你是否高兴，也许你不痛快，正合了他的意。

比如我们在新闻上看到，“成年后的学生遇到曾经的老师后将其暴打一顿”“十几岁的孩子要和父母断绝关系”“子女毕业参加工作后再未归家”“十多岁未成年人弑母案”等，都是关系恶化后产生的恶果。

所以，在孩子小的时候，我们要想一想在孩子的心中种下什么？

是爱还是恨？

是阳光明媚还是阴霾笼罩？

身为父母，自然是会选择前者。但问题是：爱是你自以为的爱，阳光是你自以为的阳光，孩子真正所感受到的可能并非如此。

有人可能会说：爱并不一定是温和的。

但其实，爱可以是温和的，只是爱的表达方式有很多种，全凭个人的选择罢了。

明明可以以更和谐的方式去教育孩子，为什么非要兵戈相向呢？明明可以母慈子孝，为什么非要鸡飞狗跳呢？

与成年人和成年人之间的关系不同，父母与孩子之间的关系在很大程度上取决于父母，父母的态度、行事风格等决定了他与孩子之间的相处模式、亲疏程度。那么，既然选择权在自己手里，与其逼着孩子走到自己这边来，不如主动地走到孩子那边去，和孩子站在一起，从孩子的立场和角度去看待问题。要知道，换位思考是最容易赢得对方的好感和信任的。

和孩子一起做个小实验吧

项目：大力筷子提米杯

材料：筷子1根，塑料杯1个，米，水，小盆

步骤：

1. 用少量的水将米湿润，在盆中搅拌均匀，让每粒米都沾上水；

2. 将拌好的米倒入塑料杯中，用手按压紧实；

3. 手指按住杯口大米表面，将筷子从指缝缓缓插入，保持大米紧实；

4. 稍等几分钟后，用手将筷子轻轻提起，会发现连同盛满米的杯子一起被提起来了。

知识点：

米中加水是为了增加杯内的压力，当米粒吸水后不断胀大，互相挤压，筷子也会被越压越紧，使筷子和米粒之间的摩擦力变大，所以当筷子向上提起时，摩擦力会阻碍筷子向上运动。摩擦力越大，米杯被一起提起来越容易，也越牢固。

干米也可，只是难度较大。米的量最好多一点，杯子深一些，筷子表面粗糙一些，尽量把米压得紧实一些，这样筷子提装有干米的杯子成功率会高一些。

情感的有效传输：表达爱，感受爱

建立情感关系最重要的有两点：一是情感感知力，也就是从他人处获得感受情感的能力，并且能够分辨好的还是坏的；二是情感引导力，也就是能够引导他人或是彼此间情感关系及情感走向的能力。

对于孩子来说，他们有情感感知力，但缺乏情感引导力，在亲子关系中，他们通常是“被引导”的角色。而对于作为成年人的父母来说，他们既有情感感知力，相对来说也更有情感引导力，那么在与孩子的关系建立中，通常也是“引导者”的角色。

与朋友谈起这个话题，朋友说：“我从来都没有考虑过这个问题，也没有对孩子进行过什么情感引导。”

我说：“但在这方面你做得真的很好。”

为什么呢？

因为她的行为已经做得很好了，只是概念上不知道这种行为就是情感引导。

其实，每个父母都是情感引导者，因为孩子对情感的认知大多来源于父母，从父母身上看到的、感受到的，会对孩子的情感能力产生导向性的作用。所以，即便父母什么也没有做，也是在引导，但这种不作为的态度更多的是在导向坏的方向。

就比如我老公的一个好友——老高，曾经抱怨说："孩子这个小东西，真的是很奇怪。平时他妈妈管他比较多，给他立了非常多规矩，做错事就批评教育，而我是完全相反，我从来不管他，既没打过他，也没骂过他……

他接着说道："按理说，他不是应该更喜欢我吗？可是不，他就是跟他妈妈亲。以前小的时候还好，自从上了小学后，我就感觉这孩子对我越来越冷漠了，对我爱搭不理的，跟他妈妈倒是话挺多。我媳妇让我主动点，多讨好他，最后还是热脸贴个冷屁股。真不知道他是老子，还是我是老子。"

……

老高的情况我是大概了解的，他从不打孩子，不骂孩子，因为他从来就不管孩子。用他老婆的话讲，"这孩子就是给我一个人生的"，老高只负责"赚钱养家"。老高每个月的工资不低，除了留少部分的零花，几乎都上交给了老婆。都说经济基础决定上层建筑，老高内心就觉得经济条件是一个家庭的天，他用双手撑起了这片天，那妻子就得负责在这片天底下忙活那些琐事，比如教育子女，比如操持家务。这也就是传统的"男主外，女主内"，所以关于孩子的事，他从不过问，也从来不管。

他本以为，教育孩子就是管教孩子，孩子最讨厌的就是"被管教”，所以管教孩子是个“坏人角色”，于是他什么都不管，既落得轻闲，又能捡个“老好人”，还在孩子心里建立“慈父”角色，这样蛮好。毕竟一个家中，总要有人唱红脸，有人唱白脸。

可事实是，他的脸上是没有颜色的。这许多年，红脸也好，白脸也好，都是他的妻子在唱。

所以，他和孩子之间的关系，败就败在没有情感互动。

人与人的情感就是在互动中产生的。相互表达，相互感受，相互修正，彼此改进，如此一来一往，来来往往，双方的感情便加深了。

作为父母，我们不但要通过语言，通过行为多向孩子表达爱，让孩子充分地感受爱，而且也要引导孩子学会表达爱，对于孩子表达出来的爱，父母要用心感受，感受孩子的爱与关注，需求与渴望，并让孩子知道“你爱妈妈（爸爸），妈妈（爸爸）知道”。

表达爱的方式很重要，它是要以孩子的感受力为基准的，因为并不是父母付出了100%，孩子就能感受到100%。所以，不要想着父爱需要多深沉，母爱需要多伟大，于是默默付出，用自认为“为孩子好”的方式去爱他，用孩子看不懂、读不懂、想不通的方式去表达爱。结果孩子接收不到爱的信号，这样对于建立良好亲子关系来说是无益的。

有趣的“脑筋急转弯”

什么布怎么剪也剪不断？

答案：瀑布。

建立情感信任关系的几个关键点

和小孩子建立情感信任关系，说难也不难，说简单也不简单，只是需要我们做父母的，多一些细心与耐心。

对此，我总结了几个要点：

第一，多关注孩子。主动地、自发地去关注孩子，把看手机、看电视、看游戏的时间分一些给孩子，看看孩子在做些什么，孩子喜欢什么，讨厌什么，害怕什么，留意孩子最近有什么变化……去真正地读懂孩子，了解孩子，关心孩子，这也是一种爱的表达。在爱的陪伴中成长的孩子，内心不缺爱，自然更有爱，也更有爱他人的能力。

第二，身体接触。不要吝啬与孩子之间的身体接触，不一定非得是“亲亲，抱抱，举高高”，有些看似平常的小动作，如不经意的身体触碰，在无形间便会拉近人与人之间的距离。比如，我们和孩子说话时，蹲下来与他平视，用眼神的接触表达自己的真诚；抚摸他的头，轻轻将他抱在怀里，给予他安慰；轻轻地拍一拍他的肩膀，给予他鼓励……

第三，善于倾听。诉说通常是人表达或发泄内心情绪的常用手段，每个人都需要有那么一两个能够倾听自己的朋友，不一定要给出什么样有建设性的意见，只是找个人说一说，心里就会舒服很多。孩子也是一样。当孩子有意或无意地向我们诉说时，最好的方式是静静地聆听，不急于反驳，不急于争辩，不急于给出意见，不要做出任何打断他的行为。

朋友说，她家孩子以前是个小唠叨，什么事都和她讲，“幼儿园里哪个同学和哪个同学闹别扭，其中有一个是他好朋友”之类的，或大或小。

“我哪知道谁是谁，他说的那些名字我听都没听过。”

“我们家孩子你也知道，他吐字不太清晰，讲话逻辑也混乱，搞得我云里雾里，不知道他在讲些什么。”

所以呢，她做了些什么呢？

“管他谁跟谁打架呢，你别打架就行。”

“我告诉你，别管闲事，这些爱打架的同学，不要和他们玩。”

“妈妈这忙着呢，你自己去玩吧，要不看会儿电视也行。”

常常都是不等孩子说完，她就打断了孩子，要么教训一顿，要么不耐烦地把孩子打发走，她说，她就想耳根子清静一下，所以不管看电视也好，玩玩具也好，先让那张小嘴停下来再说。

后来她倒是高兴地说，“小话痨”安静了许多，不再缠着自己碎碎念，“看来真的是长大了，变得沉稳些了”。

可毕竟是个孩子，能有多沉稳呢？其实这就是诉说得不到回应，选择将自己封闭起来罢了。这不是一个好兆头，是母子间关系疏远、恶化的预兆。

第四，共情。试着站在孩子的角度去看待问题，考虑问题，试着去感受孩子的感受；试着理解孩子的负面情绪。有些时候，不要急于追究对与错，先试着用共情让孩子冷静下来，当孩子感觉到尊重、理解、信任与依靠时，他们更能够坦然地面对对与错。

既然是情感关系的建立，自然需要从情感入手，而人的情感是细微的、细腻的，因此，从细节入手，从日常入手，从点点滴滴入手，反而渗透力更强。

和孩子一起玩个小游戏吧

项目：我说你走听指令

规则：

1. 让孩子闭上眼睛，或是用布条蒙上眼睛，确保其看不见；

2. 设定一个起点，然后根据父母的指令行动，比如“往前”“停”“右转”等，避开提前准备的障碍物；

3. 可以在目的地设置一个惊喜，也可以让孩子猜测目的地的具体位置。

用行动说话，做个言而有信的人

送孩子去上街舞课，孩子进去教室后，我在家长休息区刷起了手机，处理一下未回的信息。在等待的时间，刷一下手机，或是与其他家长聊聊天……这样，时间通常会过得很快。

“呜……呜……”不远处的沙发长椅旁边站着一个哭泣的小女孩，沙发上坐着的应该是她的妈妈。上课时间到了，女孩却一直哭，始终不愿进去，不论老师怎么劝，她的妈妈怎么哄，就是不进去。

“怎么了？好好的你哭什么？”

“你为什么不进去上课呢？是哪里不舒服吗？”

“刚在幼儿园接到你，你就一脸的不高兴，是在幼儿园发生什么事了吗？”

“你倒是说话呀？你得让我知道是怎么回事啊？”

……

女孩妈妈连声问道。

妈妈是软硬兼施，好言好语，苦苦相劝，可是女孩只是哭，就是不说话。于是就威胁她“今天不上，那你以后都不要来上了”“你太让我失望了，以后我都不想再理你了”，可是越是威胁，孩子反而哭得越严重，不断抽泣。

没办法，当妈的只好再软下来哄，轻声说道：“好了好了，别哭了。”

大概是想要转移女孩的注意力，女孩妈妈故作惊讶地说：“你早上不是说让我接你的时候把魔法棒拿过来吗？可是妈妈忘拿了，这样，你先好好上课，我现在回去给你拿好不好？”

“那你来接我的时候为什么不拿……呜……”小女孩终于说话了。

“我都答应妞妞，说今天要让她看我的魔法棒长什么样子。”

“你不会就为这事在闹别扭呢吧？那我现在回去给你拿总行了吧？”妈妈一脸无语地说道。

“现在拿有什么用，妞妞都已经回家了。”

“那明天再拿给她看不就好了嘛，你至于嘛，就为了这么一个玩具，闹这么一出。”

“明天你就又忘了，你老是忘，老是忘，呜……”女孩哭得更大声了。

“越说你越来劲了，以前挺乖的，怎么马上就要上小学了，反而越来越不懂事了，你看看人家……”

可是，孩子真的为的就只是一个玩具吗？

不是，孩子生气的是妈妈不遵守承诺的这个行为，孩子感觉自己的需求没被正视，自己与妈妈之间的约定没有实现。也许更重要的是，因为妈妈的失约行为，害得自己在同学面前也失了约。

这也恰恰说明了，孩子注重承诺，她在意“信任”这件事，她害怕在同学那里失去信任，也伤心失去了对妈妈的信任。

妈妈不能理解，女孩为什么对这么一件小事上纲上线，产生这么大的反应，但我想，大概是“冰冻三尺，非一日之寒”。妈妈今天的行为成了压死骆驼的最后一根稻草，女孩对妈妈彻底失望了。

都说“言传身教”，相比言传，身教其实更重要。父母说十遍什么是信任，不如做一次值得被信任的事；做十次值得被信任的事，一次失信就可能毁掉所有。

所以，信任建立起来不容易，坍塌起来却很容易，一旦信任情感建立，就需要长久地维护。千万不要随口就来承诺，要么就不说，说了就一定要做到，排除万难也要做到。

诚信是立世之本，千万不要觉得这是成年人之间的规则，与小孩子毫无关系。失信会影响成年人之间的关系，同样也会影响亲子间的关系。再者，在谎言与哄骗中长大的孩子，长大以后如何能够成为一个诚实守信的人？如何信任别人和被别人信任呢？

有趣的“脑筋急转弯”

一个人在一边刷牙，一边吹口哨，他是怎么做到的？

答案：他刷的是假牙。

信任是相互的，请先给予孩子信任

信任是相互的，你不信任我，那我为什么要信任你？孩子也有这样的自尊心。

不被信任的感觉，让人很恼火，尤其是当我们对某个人寄予了厚望，而这个人却没有相信我们，那就不仅是恼火，更让人失望、伤心。

“别人相不相信我不重要，重要的是你相不相信我？”这种偶像剧中的台词，也切实地存在于现实。某些时候，我们被他人误解，说不在乎他人的看法，那是假的，只是当无力感袭来时，我们迫切需要一份相信，来支撑我们的内心，所以心中总会出现一个或一些更想要被相信的人。

况且，有些事情我们无力向所有人去解释，有些人，总觉得即便我们不去解释，他们也会选择站在我们这边，始终相信我们。如此，那该是多大的力量；若不是如此，那又该是多大的悲伤。

所以，别人相不相信我不重要，而是相比别人的相信，我更在乎某些人的相信，而这些人通常是我们最亲近的人，比如家人，比如爱人，比如挚友。

在孩子去他人身上寻找信任时，作为父母，我们应当首先给予信任。我们要相信，父母的信任可以成为一种力量，一种莫大的力量，去支撑孩子，丰富孩子的内心，成就孩子的勇敢。

“你快下来，那个你不能玩，会摔下来的。”

“我敢玩，我不会摔下来的。”

“那如果摔下来怎么办！到时候你又得哭，流血了还得去医院，抽血，打针……”

户外的游乐场里，我听到了这么一段对话。这是一段即将毁掉孩子勇敢的对话。

不是说鼓励孩子去做危险的事情，而是在我看来，在防护得当的情况下，应当鼓励孩子去做一些挑战。很多项目都是有它的功能性的，比如锻炼孩子的平衡能力，锻炼孩子的攀爬及四肢协调能力，锻炼孩子的手眼协调能力，锻炼孩子与他人协作的能力，增强孩子的体能，积累自我保护的能力等等。

对此我深有感悟，正是因为我之前的过度保护，所以我家孩子一度十分胆小。4 岁的时候去到游乐场，这也不敢玩，那也不敢玩，同样的项目，比他小很多的孩子上蹿下跳，摔倒了再爬起来，跟个没事人似的，继续玩。我很羡慕这样皮实的孩子，抗挫能力强，而且我发现这一类孩子在玩乐中也更懂得如何保护自己。如何与其他人沟通协调，玩到自己想玩的项目。或者带动大家以自己想玩的方式去玩某个项目。

有些东西，孩子小的时候他非要做而我觉得他做不到，当他大一点，我觉得他能做到并鼓励他去做时，他却觉得他做不到，不愿做。于是我反思：是不是我的不信任，扼杀了孩子的勇敢与自信。

所以，在孩子说“我可以”时，请相信孩子，我们要做的是站在他的身后，给予鼓励与保护。即便孩子没做到，也不要用“看吧，我就说你做不了，你还非要做”之类“落井下石”的语言去责怪孩子，我们应当告诉他一次失误不代表什么，只要更小心，更用心，就一定可以做到。

我们相信了孩子，孩子会更自信，当我们需要相信时，孩子自然也会相信我们。这便是一种情感的回馈。

有趣的“脑筋急转弯”

什么门永远也关不上，也不需要关？

答案：球门。

第三章
做孩子的“大白”：给予物质，不如用心地陪伴

你就是最昂贵的那个玩具

和朋友们一起聊育儿经时，谈到“玩具”这个话题，总是不免会引发一波疯狂的吐槽。

“现在小孩子的钱不要太好赚哦，玩具贵得要死，小小的玩意儿，动辄上百上千。”

“我家那孩子看到玩具就不要命了，撒娇卖萌，又哭又闹，软硬兼施，不达目的不罢休。”

“我家那小子更好笑，别人逗他，用他爸爸去换一个蜘蛛侠玩具，问他愿意不愿意，他竟然说愿意！真不知道是该笑还是该哭。”

……

当然，我也是吐槽大军中的一个，但吐槽过后，我也静下心来细想过这个问题：孩子为什么会对玩具有如此深的执念？玩具对于孩子来说到底意味着什么？

刚开始，带着初为人父为人母的喜悦，玩具是父母送给孩子的“爱的礼物”，并且赋予它很多功能性：益智，感统训练等，希望用玩具带领孩子去感知这个新鲜的世界。当孩子再大些时，父母买玩具的初衷开始改变，打着“益智”和“爱的礼物”的幌子，实则是用玩具“打发”孩子罢了。

孩子成长中对于陪伴与关注的需求是刻在基因里的，是最原始的需求，他们渴望得到父母的陪伴，渴望被父母关注。当孩子提出“听故事”“出去玩”“一起捉迷藏”“一起玩游戏”等各种互动性的请求时，父母早已没有了最初时的耐心，也许是事业或生活上带来的身心疲惫，也许是日复一日的“陪玩”耗光了他们的热情。毕竟对于成年人来说，几岁毛孩子的游戏实在是太幼稚、太无趣了。

初为人父人母的“爱心泛滥期”过后，父母们迫切地想要找回自我，拥有属于自己的时间，做自己想做的事。尤其是在孩子上了幼儿园，初尝了“自由的滋味”后，这种想法便一发不可收拾，开始贪恋更多的自我，不自觉地便在孩子的关爱与陪伴上缩了水。

所以，当孩子“缠”着我们，索要陪伴的时候，我们便拿玩具“打发”了他。

尽管吐槽贵，但还是愿意拿钱买“自在”。尽管不愿意承认，但很多时候，确实希望玩具能让孩子安静下来，给自己争取片刻安宁，让自己哪怕发个呆，安心地吃个饭、追个剧，玩玩手机，和朋友聊聊天……享受一下属于自己的时间。

玩具对于孩子来说，是最亲密的伙伴，是无奈之下用来填充内心空虚的父母的爱的替代品。玩具与父母，就好像“鱼与熊掌”，能兼得最好，不能兼得时，即便最想要的是“熊掌”，但无奈选择权不在自己手里，便只能将所有执念都放到“鱼”上，对“鱼”索求无度了。

父母又何尝不是如此，为了自己的自由，便一次次地把“鱼”推到孩子面前。

在手机上刷到这么一个新闻：一个“00 后”的学生给爸爸的领导写信，说虽然爸爸每天都回家，但自己已经很久没有见到爸爸了，因为爸爸每天早出晚归，每天下班回家时他已经睡着了，第二天他还没睡醒，爸爸就又走了。所以，他想要“买下爸爸的一天”来陪他。购买资金是意外得来的幸运奖金，大约900元，他愿倾囊而出。这位爸爸表示“以为他会买玩具”，却不曾想他做出了这样的举动。

我们总说“努力工作是为了给孩子创造最好的生活条件”，所以玩具也买最贵的，殊不知，最好的、最贵的、最奢侈的玩具是我们自己。

和孩子一起玩个小游戏吧

项目：趣味保龄球

材料：饮料瓶10个，玩具球1个（或自制球型物）

规则：

1. 将饮料瓶装满水，按“第一排1个，第二排2个，第三排3个……”的方式排列好，整体呈三角形状；

2. 根据场地的大小灵活设置抛球点与瓶子的距离，用水彩笔或是彩色胶带明确出界线；

3. 用玩具球或自制球形物在设置好的抛球点抛球，撞向摆好的瓶子；

4. 看看谁撞倒的瓶子最多，多者为胜。

关于奖惩的几个小参考（任选一）：

· 每一局结束，赢者可以在输者脸上任意画一笔。

· 输的人负责今天的洗碗任务。

· 输的人放弃今天的遥控器使用权。

填不满的玩具黑洞：买买买，不如陪陪陪

丁丁妈跟我分享了一件事，她说：“那天我儿子对我说了一句话，真是一下子刺激到我了，他竟然说‘妈妈，你不爱我’……”

那个时候丁丁刚刚3岁，我也惊讶于他的表达，因为在我的印象里，他是一个话不多且也不太爱说话的孩子，很难想象他是出于什么样的情境，竟然敢说他的妈妈不爱他。

看我露出惊讶的样子，丁丁妈似乎得到了鼓励般变得更激动了。

“震惊吧？我当时是又惊又气又伤心，这么一个小不点，话不会说多少，张口就说我不爱他了。第二天他上幼儿园后，我越想越气，气得我饭都吃不下，我就把家里所有的玩具都拿了出来，从门口开始往里摆，整整齐齐，分门别类……”

“哇，不摆不知道，一摆吓一跳，我都不知道这两三年竟然给他买了这么多玩具。为了效果更震撼，我特意把前段时间封存起来的几大箱子玩具也拿了出来，结果你知道吗？家里全部摆满了，地上，桌子上，沙发上，床上，全都是。就这，还剩了一大箱子没摆

出来呢，还没算之前清理掉的那些。”

“我无法用语言来形容那种场面，真的，我特意拍了视频放网上，毕竟我觉得我不可能再费功夫摆第二回了，我要记录下来，等我儿子长大再拿给他看，看看他妈妈有多爱他。你也可以去我的朋友圈里看看，有多少人点赞、评论，很多人都被震撼到了。”

“那天我儿子回来，他一进门就惊呆了，反应全在我的预料之中，我假装生气，跟他说：‘你看看，你有多少玩具，这满满一屋子的玩具，还证明不了妈妈对你的爱吗？你还敢说妈妈不爱你吗？’我儿子才点了点头，说，‘爱！’”

我想，丁丁的确被震撼到了，他肯定地回答，说“爱”，与其说是被玩具的数量震撼到了，不如说是被妈妈如此精心的布置给感动到了。玩具都是孩子玩过的，堆在一起和摊开来，视觉效果虽然不同，但不至于激发出新的情感，所以量没变，而是做这件事的人变了，孩子从妈妈的行为中感受到了爱，觉得妈妈用心对自己了。

但显然，丁丁妈是没有意识到的。两个人年龄和思想上的不对等，沟通上的误差，使得结果看似圆满，但其实，问题的根源并没有解决。

用玩具来衡量对孩子的爱，这显然是一种错误的表达方式，从理念上讲就是错的。这就等同于是在说：玩具有多少，爸妈对你的爱就有多少。

那会不会给孩子传达一种信息：如果你爱我，那就给我买玩具，不买就是不爱我。

很多家长喜欢把精神上的东西转化为物质，这也难怪现在的孩子对玩具如此执着，在玩具面前如此蛮横，不给买就撒泼，动不动就以“你不爱我”“我讨厌你”来威胁父母。

孩子精神世界的富有，绝对不是来源于家里堆成山的玩具，而是来自父母的陪伴。

孩子在玩具上总是不满足，是因为他们的内心是匮乏的。父母买玩具这个行为能够给予他们暂时的满足，但如果没有陪伴，空虚感很快便会再次袭来。

所以，与其用玩具去填补孩子的内心，不如用真真实实的陪伴去充实孩子的内心。你会发现，玩具虽然少了，但孩子的笑容多了，亲子间的关系更紧密了。

趣味小知识

雪糕为什么会冒气？

答：空气中有很多肉眼看不到的水汽，当温度特别低的雪糕突然出现在空气中时，水汽遇冷便会液化成雾滴包围在雪糕周围，看起来就像在“冒气”。

“陪着”不等于陪伴

刷手机时，看到表妹发了一条朋友圈，说：“这不是我想要的生活，这个家没有我想要的温度，这个男人没有给我想要的爱……我真的好累，我不知道我还能撑多久……”

评论区里，除了个别表示疑问、关怀与安慰的朋友外，还有表妹夫的留言，大意是说表妹太矫情，于是两人你一句我一句，竟然在评论区里吵了起来。

“我怎么了？我们这个家怎么了？你又想要什么样的生活？”

“反正不是现在这样的。”

“现在怎么了？缺你吃缺你穿了？还是我虐待你了？”

“生活难道就是不缺吃不缺穿就可以了吗？你是没虐待我，但你也不爱我。”

“天天爱不爱的，你能不能活得真实点。”

“真实是什么样的？越不堪越真实吗？我和孩子就不能奢望一点关爱吗？”

“怎么就不堪了！你凭良心说说，我对你和对这个家够好了吧？因为你抱怨我工作忙，下班还各种应酬，不陪你和孩子，从那以后，我几乎一下班就回家，周末、节假日的时间全留给你们，陪你和孩子。朋友们都调侃我心里只有老婆孩子，戏称我为‘网友’，因为见不着面，只在网上联系。”

“我都这样了，你还想怎么样？”

“老实说，我都不知道你到底想要什么，到底想要我怎样？”

“我就是想要你多陪陪我和孩子，多关心关心我们，这一点要求过分吗？”

“我没陪吗？是要我辞了职，一天24小时在家陪你和孩子吗？”

“你那是在陪我们吗？不是在玩手机，就是在打游戏，孩子你不管，家务你不做，一天到晚说不上几句话，你不在家我还轻松些，在家我还得伺候你吃喝，还生的一肚子气……”

……

生活中这样的情况太多见了：

· 孩子在玩玩具，你在看电视或玩手机；

· 孩子在洗澡，你在玩手机；

· 孩子想要听故事，你用手机讲故事打发他，然后看电视、玩手机；

· 孩子看绘本，你一边看着手机，一边有一句没一句地回应；

· 游乐场里，孩子在玩，你在和别人聊天或玩手机；

……

仔细想想，这是不是你平时带孩子时的样子？

其实，不单是爸爸，很多妈妈的陪伴也不合格，也仅仅只是“陪着”，而不是陪伴。

“陪着”与“陪伴”，在感觉和感受上是不同的，陪着是人到了，陪伴是人到了，心也到了。就好像成年人（如表妹）在感情里，只被伴侣陪着，但却没有沟通互动时，便会感觉失落、颓废与沮丧，因为他们感受不到爱。孩子不懂表达，但和成年人的感受是一样的，父母是陪着还是陪伴，带给他们的感受是完全不同的。

有趣的“脑筋急转弯”

每个人早上醒来都会做的第一件事，是什么？

答案：睁开眼睛。

重要的不是玩什么，而是和什么玩

这个世界上，我最看不够的画面就是——孩子的笑。

每当孩子咯咯大笑时，我的内心就很受触动：这是我最爱的小生命啊，真想把一切美好的都给他，愿他此生只有欢笑与幸福，没有泪水与悲伤。

不过，这不代表当他哭泣时，我总是感到心疼的，有时也会觉得烦躁，会骂他，可事后又觉得后悔，怪自己为什么不能多一些耐心，去读懂孩子，了解孩子，用更温和的方式去化解他的烦忧呢？

所以，很早以前开始，我便需要时常做心理调整，不是因为我的性格易怒易暴，而是生活难免有一些烦心事，当坏情绪还没来得及调整和消化，我们情绪正焦虑时孩子吵闹，就难免会非本意地波及与孩子接下来的沟通与交流。

我们想让孩子快乐，却不太知道如何能让孩子快乐。

有人说：“孩子最爱玩，让他玩他就高兴。”

有人说：“没有孩子不喜欢玩具，给他买玩具，他就快乐。”

也有人说：“依着孩子的喜好来，他想玩什么就给他玩什么，随心所欲自然是高兴的。”

可是，教育往往会与孩子的欲念相背，没有谁的人生是可以随心所欲的。我们需要通过教育让孩子知道规则，知道底线，知道分寸，知道是非。但是，这个过程中必定是会有博弈，会有分歧，会有不悦。

我们能做的是什么呢？

尽可能地减少这种不悦，既达到了教育的目的，又能够最大可能地保住彼此的良好情绪及亲密关系。

所以，在玩中得到快乐不是最根本的目的，在玩中快乐地建立关系，进行引导性的教育，这才是最关键的。

相比“玩什么”，“和什么玩”更重要。只要人对了，那么不论玩什么，即便没有昂贵的玩具，没有高大上的游乐场，没有大海与森林，只是玩玩肢体游戏，或是楼下转一转，街道上散散步，观察小蚂蚁，感受风和雨……都可以很幸福，都可以找到玩耍的意义。

让孩子和没有灵魂的“死物”玩，还是和活生生的人玩？让孩子和同龄人玩，还是和作为父母的你玩？

和玩具玩，孩子的情感是匮乏的，和人玩无疑更丰富孩子的情感；和同龄人玩自然是快乐的，但同龄的孩子没有教育的使命，情感再深也替代不了父母。所以，本着可能影响整个家庭情感关系及未来幸福指数的角度出发，本着教育的使命出发，我们都是孩子最不可缺的玩伴。

和孩子一起做个小实验吧

项目：纸巾的水中冒险

材料：纸巾 1 张，一次性杯子 1 个，水盆，水

步骤：

1. 把纸巾揉成团，塞入一次性杯子的底部；

2. 将水盆内倒入适量的水；

3. 将一次性杯子杯口朝下垂直地放入水盆中（会发现纸没湿，仍然干燥）；

4. 将一次性杯子的底部钻一个孔，再以同样的方式放入水盆中（会发现纸湿了）。

知识点：

空气在水中也是需要占据空间的，所以当完好的杯子垂直放入水中时，纸在空气中也得到了保护；当一次性杯子底部钻孔后，使得空气得以流通，空气往上排出的同时，水会填补空间，杯子内进了水，纸巾自然也就湿了。

玩是技术手段，有效陪伴才是核心

曾经，为了让老公能够多陪陪孩子，我给老公算了一笔账：一天 24 小时，有多少时间在工作，有多少时间在睡觉，有多少时间在忙于应酬，最终能够留给孩子的又有多少时间。

结果是：下班后如果有应酬的话，大多是 0 小时；没有应酬的话，有 3 个多小时。这 3 个多小时也并不全是用在孩子身上，只能算是用在家里，如果再除去接打电话、刷手机、打游戏的时间，陪孩子的时间就又是寥寥无几，能有 20 分钟就不错了。

我曾看到过一个关于“父母陪伴孩子的有效时间”的数据，要求至少每周 21 小时，这才只是刚刚过了及格线。如此，平均到每一天的话，也就是每天 3 个小时，当然，如果周末陪伴孩子的时间多的话，也可以在工作日陪伴时间有限方面做些弥补。

这里的重点其实不是数据，而是“有效时间”这四个字。

也就是说，保证足够的陪伴时间固然重要，但是如果做不到“有效的陪伴”，那再多的陪伴时间也没有什么意义，它也不能够算到这个数据中。

陪伴孩子的时间，“质”比“量”重要，质达到了，其次才是时间的长短。

所以，即便是陪孩子玩，也要注重它的有效性，而不是单纯地只是玩。

举个例子，分属于两个家庭的两个孩子，同样是被爸爸带着去海边玩了一下午。其中一个回到家后，妈妈问：“今天和爸爸玩得开心吗？”孩子说：“开心。我们玩了沙子，玩了水，还捡了贝壳。”然后便没有了。

另一个孩子回到家后，也被问了类似的问题：“今天玩得怎么样？开心吗？”

孩子说：“开心啊，我在海边游了泳，堆了很大的一个沙堡。沙堡的围墙很高，你知道为什么吗？”

“为什么？”妈妈问。

“因为那是护城墙，它要起到保护作用，所以越高越好，越坚固越好。那你知道沙堡的房顶为什么会是尖的或是弧形的吗？”

“是为了好看吗？”

“这个答案不完全对，因为这样的设计有利于屋顶排水。你知道如果脚在沙滩上同一个地方一直踩一直踩，会出现什么神奇的现象吗？”

“脚下原本比较硬的沙滩会越来越软，越来越软，就像沼泽一样。这是为什么你知道吗？”

“那你知道沙滩上为什么会有一些小洞洞吗……”

“你知道为什么沙滩上总是会有新的贝壳出现吗？”

……

这就有很大的区别。

倒不是说前者无效，能够和孩子一起玩，带给孩子快乐的时光，也很好。只是，同样的时光中，除了快乐，如果还可以赋予它更多的内容，岂不更好？比如知识、见识、求知欲、想象力、动手能力、记忆力等。

如果说教育是一种理念的传输，那么玩就是最好的媒介，也是孩子最容易也最乐意的接受方式。

趣味小知识

雨是从哪里来的？

答：雨是从地表来的。陆地或是江河湖海等水面的水蒸发后变成水蒸气，水蒸气上升到一定高度后遇冷会变成小水滴，很多的小水滴汇聚便成为云，云里的小水滴会因为互相碰撞而不断变大，当这些水滴大到空气托不住的时候，就会掉落下来，形成了雨。

第四章

玩是孩子的天性，是走进孩子内心的捷径

爱玩是孩子的天性

与其说，爱玩是孩子的天性，其实更准确地说，爱玩是人的天性。人人都爱玩，只是每个年龄阶段喜欢玩的东西不一样。

· 小的时候，喜欢玩玩具，喜欢去游乐场；

· 大一点的时候喜欢玩球，玩游戏机；

· 再大一点的时候喜欢聚会、K 歌、打游戏、满世界乱跑；

· 再大一点的时候喜欢钓鱼、打麻将；

· 再大一点的时候喜欢下下棋，跳跳广场舞；

……

人生不同的阶段喜欢什么，也因人而异，与个人喜好有关，虽说玩的东西和项目不一样，但对玩本身的贪欲是一样的。

小孩子爱玩、贪玩，大人又何尝不是如此！小孩子自控能力差，需要大人来控制玩乐的时间，扼制本能，那么大人呢？自制力强的也许能够控制好玩乐的时间，但依我所见这样的人并不多，只有少部分人在意识上出于工作和生活的压力，压抑了内心的欲望，是一种迫不得已的收场，而不是自发地结束。

就比如身边一个朋友玩“吃鸡游戏”，平时要上班，所以最晚玩到 11 点半就散场；遇到周末不上班，那玩通宵也是常有的事。

就比如我家先生，玩“吃鸡游戏”入了迷时，也时常会玩到深夜，具体几点睡的我不知道，早上醒来他倒是已经在床上了。我不太管，是因为我觉得这是他繁忙工作后的一个解压方式，况且他一个成年人，基本的道理和分寸感还是有的。他也常抱怨，真是年纪大了，熬不动夜了，想玩但身体不允许。

所以，现在玩的时间越来越少，不是他不爱玩了，而是迫于其他因素的影响。

所以最终打败“玩欲”的不是人的思想，而是人的身体，或是一些其他的外在因素。

如果抛开生活的压力，抛开时间的限制，抛开身体的状况，单凭人的欲望去行事，那么人们用在玩乐上的时间会大大增加。

所以，甭管你有多大，他有多小，爱玩的天性是与生俱来的。再往远了说，爱玩不仅是人类的天性，也是动物的天性，看看那些天天缠着你撒娇打滚“求陪玩”的宠物，它们不仅爱玩，而且也希望有人能逗它们玩，对陪伴有需求，对互动也有渴望。

玩是一种享受，有谁会不爱呢？

幼时，孩子爱玩，父母也欢喜；但步入学龄，孩子爱玩，父母便烦忧，渐渐地，父母把爱玩当成了天敌，认为它是毁灭孩子的恶魔。事实上，爱玩不是一件坏事，只要引导得当，它反而会变成一件好事。孩子在玩乐中能够得到成长，父母在陪同孩子玩乐中与孩子变得亲近。所以，父母对待玩乐的态度与学会引导的技巧很重要。

和孩子一起玩个小实验吧

项目：会魔法的塑料梳子

材料：塑料梳子，布，碎纸屑

步骤：

1. 用塑料梳子在布上面不断摩擦；

2. 将摩擦过的梳子靠近碎纸屑，会发现碎纸屑被吸起来了；

3. 将摩擦过的梳子靠近头发，会发现头发也被吸得飞起来了。

知识点：

塑料材质的物体与布摩擦会产生静电，有静电的物质对没静电的物体会产生吸附现象。所以，除了梳子，其他塑料材质的东西与布摩擦后也会产生静电，产生“会吸”的魔法哦。

玩是孩子认知这个世界的方式

孩子小的时候，我带他到户外去玩，他总会做一些让我觉得无厘头的事情，比如脱鞋子这件事。从会走路起，他就不爱穿鞋，在家里也就罢了，可是到了户外，他也爱脱鞋。

沙滩上，孩子脱鞋我可以接受，因为细软的沙子踩上去很舒服。可是一些沙质粗，或是夹杂着小石子的泥土地，或是草坪，或是硬邦邦的水泥地，一块块拼接起来的青砖地……他也非要脱了鞋子，光着脚在上面走来走去。小脚搞得脏兮兮，脚底板被硌出很多小坑，一边说疼，一边还不愿穿鞋。

我总说，这孩子是跟鞋有仇吗？怎么就穿不得。

后来跟我妈讲，我妈说，农村里老话讲“孩子沾沾土气是好的”。

再比如，夏天带他回老家，室内空调保持在25度左右的舒适，他却非要往外跑，在室外36度的烈日下玩耍，小脸晒得通红，头发都被汗打湿了，顺着脸颊往下流。晚上蚊子很多，他却非要在街道路灯下跑来跑去，驱蚊水喷了又喷，结果还是被叮了一身的包……

再比如，我在厨房做饭的功夫，他就在洗手台玩水，将面盆里接满了水，用海洋球，积木等小玩具在里面“祸祸”，水流了一地，身上的衣服也湿透了。看到我来，一脸无辜地定定地望着我。我拉他去换衣服，他的小脚丫在满是水的地板上打了滑，我本能地扶了一下，他还是摔倒了……真是让我又气又心疼又想笑。我问他，弄得一身水舒服吗？他摇头。我又问他，地上打滑摔倒了疼不疼？他点了点头。

这样的事情太多了。我一度思考：孩子到底是一种什么样的生物，为什么放着舒服不享受，非要搞一些不舒服的事情呢？他仿佛还乐在其中，可那有什么好玩的呢？

后来我慢慢地明白了：这其实是孩子认知这个世界的一种方式。你会发现，孩子越长大就越懂得享受舒适，因为有些领域他们已经认知过了，探索过了。到现在，夏天你让他出去，他怕晒，也怕热；晚上也怕蚊子咬；户外游玩时，除了沙滩等特定场合，他也不爱脱鞋了，又嫌脏，又怕疼……倒是一样的爱玩水，只是更懂得如何不让水溢出来，溅得哪哪都是；怕摔倒还特意会穿上防滑的拖鞋。

老话说“吃一堑，长一智”，我想孩子在玩乐中吃的亏，受的苦难，最终也都成了他们的经历，在他们的心里生了智慧。让他们对某个事物从陌生到熟悉，在被攻击中懂得了如何防御。

另外，玩乐的过程中，孩子有时会问很多问题，即便嘴巴里没有问，脑子里也在想着一些问题。

·“为什么不同的东西触感是不同的？脚踩上去感觉不一样，沙子细细软软的，小草麻酥酥的，泥土地硌硌的，水泥地硬邦邦的；太阳晒在地面上，有时是温的，有时是热的，有时又很烫脚……”

·“为什么人会有影子？在路灯下移动，影子还会变长变短？”

·“为什么有些玩具在水里会浮起来，有些玩具就沉下去了？”

·“为什么地上有水时就会很滑？”

……

所以，玩对孩子来说不是一件坏事情，他们在玩中产生疑问，进而思考，然后反复实践，找出规律，感受万物的神奇与妙趣。

趣味小知识

为什么蝉要蜕皮？

答案：蝉的身体内没有骨骼，外壳就是它的外骨骼，能起到保护娇嫩肉体的作用，但是外骨骼一旦成形就无法随着蝉的身体长大，所以蝉需要通过数次蜕壳来使身体继续生长。

于玩乐中，以最轻松的方式与孩子沟通

孩子刚上幼儿园时，我的内心十分焦虑，怕孩子哭闹，怕孩子吃不好睡不好，怕孩子被欺负，而且比起同学们的欺负，我更怕老师的欺负。因为那几年“幼儿老师虐打孩子”的事件被大量曝光，一个案例成了热点新闻，其他同类的事件便接连被曝了出来，不同的地区，不同的幼儿园，都存在这样的情况。被曝出的监控视频中，老师收起了和蔼可亲的面孔，虐打孩子的样子，满面狰狞，看得人实在揪心。

我承认那个时候受到新闻事件的影响，我的心灵变得格外脆弱，所以每每孩子一回家，便急于了解孩子在幼儿园的情况。如果在接到孩子放学时，看到孩子兴高采烈、蹦蹦跳跳走出来的，我就安心了许多。

回家后，我询问孩子在幼儿园里的情况，可是孩子却不爱说，一方面是出于语言表达能力及表达逻辑能力的不足，另一方面他好像也没有那个兴趣说。

我追在他身后和他谈话，他却跑来跑去，要么就是玩玩具，看电视，就是不想说。

于是我便想了一个方法：他不是爱玩游戏么，那我就和他玩，就玩“上课游戏”，他当老师，我当学生。

果然，孩子来了兴趣。在这个上课游戏中，孩子模仿的其实就是老师的样子，他会奖励我一个小贴纸，贴在脸上；他会批评我，带着韵律说：“我批评谁呀，我批评妈妈。”

如果我质疑，他会说：“我们老师就是这样的。”

这个过程中，他自然而然地会提到说，谁谁谁不听话，老师都快气死了，说对他提出批评，不给他贴小贴纸了。

我顺势问他：“那有没有对你提出批评？”

他一脸骄傲地说：“才没有呢，老师还夸我很棒呢！”

沟通，是生活的一大智慧，很多问题可以在沟通中得到解决，人与人之间的情感可以在沟通中得到升华。但沟通也是门艺术，针对不同的人，不同的问题，需要采取的沟通方式也是不同的。

和成年人沟通，方式多变，有时直白的方式更简单有效，有时绕一下弯会更得体。

和小孩子沟通，方式不是最重要的，主要的是沟通的氛围。如果要强行比较一下直白和迂回的方式，那么对孩子来说，迂回的方式会比直白的方式更受用。

一来就开门见山、直奔主题，针对某件事、某个行为进行沟通与教育，孩子通常会心生戒备，采用防御姿态，或是心生反感与叛逆。这通常是因为长幼关系的不对等，导致孩子对于正式谈话容易产生紧张心理。

所以，与孩子沟通的技巧在于：先在情绪上让孩子放松下来。

那么，最好的方式就是进行一场最不像谈话的谈话，一场最不像沟通的沟通。

孩子在什么时候最放松？自然是玩的时候。这个时候的孩子内心不设防，如果父母再能够讲究一些说话技巧与方式，将想要沟通的内容自然而然地融入游戏对话当中，那么，在氛围轻松，孩子情绪愉悦的情况下，孩子更容易敞开心扉，他愿听，也愿讲，这便达到了一种良好的互动状态。

在玩乐中互动，在互动中沟通，在沟通中促进情感。所以，“互动”二字在情感沟通中的作用至关重要，它代表的不仅是语言上的有来有往，更是情感上的交融与互通。

和孩子一起玩个小游戏吧

项目：解救“小公仔”

材料：小公仔（或娃娃）1个，带钥匙（或密码）的锁1把，A4纸一张

规则：

1. 将小公仔放在可以上锁的柜子里，用锁锁上；

2. 将纸撕成几小片，在每小片纸上写下线索，需要将所有纸片找齐拼完整后才能得到线索；

3. 关于线索，可以是文字，指明钥匙所藏的位置；也可以是密码锁的数字。

注意事项：

房间内可以有一些干扰线索，具体可根据孩子年龄段来设定，如果孩子年龄小的话，干扰线索不宜过多，场内清理得越简单越好。

两种截然不同的家庭氛围

每个家庭的氛围是不一样的，有的温馨；有的吵闹；有的平和；有的火花四起……

每个家庭的声音是不一样的，有的只有电视和锅铲碰撞的声音；有的却充满了欢声笑语和打闹嬉戏声；有的却是摔摔打打、吵架哭喊的声音……

所以，每个家给人的幸福感观是不一样的。有些家庭，我们一看就觉得“他们好幸福”；有些家庭我们一看就觉得“这个家好压抑，亲人间的关系好冷漠”；有些家庭我们仿佛都能从家人的气场中嗅到仇怨的味道……

如果每个家庭中的空气有味道，那幸福指数高的家庭中空气一定是香甜的，幸福指数低的家庭中空气里似乎带着些阴霉味。

闺蜜向我吐槽说：“都说女儿是妈妈的贴心小棉袄，可是我们家这件连个吊带背心都不如，长大以后还不知道能不能指望得上她来孝顺我们。”

我问她为什么这样说。

她说："上了小学后，女儿待她的态度就越来越冷漠了，小时候乖巧可爱的样子不见了，老公是这样，女儿也是这样，一家人除了吃饭，就各做各的事，一天也说不了几句话"。

"小的时候我女儿很乖巧的，都是别人羡慕我，可是现在，我一直在眼馋别人家的孩子。

"人家的孩子怎么就那么贴心，什么都喜欢和爸妈分享，有什么心里话也跟爸爸妈妈讲，对爸爸妈妈嘘寒问暖的。可我们家的呢，两三岁话说不利索的时候还知道问问'妈妈你辛不辛苦'，小嘴也甜，总说'妈妈我爱你'，现在和我们根本就没话讲。"

这让我想到了闺蜜和她妈妈的关系，我带着些调侃的语气说："这种感觉，你就没有感到似曾相识吗？"

我们从小学起就是好朋友，所以她的情况我比较了解，她一路成长起来的心路历程我也了解，因为我总是那个她倾诉的对象。学生时期听她吐槽她妈妈，成年了又听她吐槽她女儿。所以我对她说："从你现在的描述，我似乎已经看到了你女儿和你的未来。"

"什么意思？"她问我。

"就是你和你妈妈现在的样子。"

现在她的女儿像极了那时的她，凡事也不愿和她妈妈讲。

她苦笑了声，说：“你这么一说，我突然觉得我妈妈好可怜……不过我并不是不想和她亲近，只是这么多年都这样过来了，突然想要亲近我是真的不习惯。”

我和闺蜜是两种截然不同的家庭，从小便是。我从小和我妈关系时好时坏，常常斗智斗勇，吵吵闹闹，她总“挖苦”我，我总打趣她，她总说我“没大没小”，我总说她“心理年龄没比我大多少”……闺蜜总说羡慕我在我妈面前“放得开”的样子，她说很多我对我妈说的话，那些“没大没小”的话，她一辈子也不可能和她妈妈那样讲。

“真羡慕你们，吵吵闹闹，像对冤家，但心里不隔着。”闺蜜曾这么对我说。

的确，直到现在，我还总是会和妈妈拉拉家常，撒撒娇，但是不会事事都跟她讲，因为毕竟她年纪大了，不想让她为我操心，为我担心。

父母对于孩子的爱是毋庸置疑的，只是爱的表达方式不一样，所以造成亲子间的相处模式不一样。

第一种是亲子间相处冷淡、疏离，没有什么矛盾，但就是不亲近。

第二种是亲子间相处热络、亲密，即便有矛盾，嬉嬉闹闹，偶尔也吵吵，但心与心之间却很亲近。

亲人之间没有什么“君子之交淡如水”，我们都希望能够让家庭中充满爱与关怀，让心与心靠得更近，所以，如果这是个选择题，我想大多数人都会选择第二种吧。

但心与心的距离远近，更多的是取决于父母。所以，父母不单要爱孩子，还要懂孩子，找对了通往孩子心里的路，才能走进去，让两颗心离得更近。

有趣的“脑筋急转弯”

为什么蚂蚱可以跳得比树高？

答案：因为树不会跳，所以两者之间不需要跳得多高，只要谁能离开地面谁就赢了。

孩子在玩乐中对父母改观

听了我的话，闺蜜感觉到了危机，她开始害怕自己和女儿的未来会真的如我所说的那样，变成现在她和她母亲的模样。

我认为：她现在这个年纪处于中间层，上有老，下有小；她的角色也属于中间层，姥姥—妈妈—女儿，她既是女儿，也是妈妈。所以她需要主动改善的关系有两个，一个是和母亲的关系，一个是和女儿的关系。

和母亲关系的改善，在一定程度上也会影响到她与女儿关系的改善。孩子是会观察和学习的，她会从妈妈与姥姥的关系中，无形地向妈妈的角色靠拢。

和老人关系的改善比和小孩关系的改善要容易一些，只要突破了心理那道坎儿，下定了决心，从方式方法上并不难。虽然我们总说“老小孩”，但母亲毕竟是有着丰富阅历的成年人，加上她也是一位母亲，对女儿的主动靠近又怎么会排斥呢？自然是欣喜的。

所以，重点就是如何改善与孩子之间的情感关系。

如果你问我诀窍是什么，那我只有一句话：和孩子一起玩吧，带着真诚与真心。千万不要敷衍孩子，他们能感觉得到。

正如之前所讲，孩子在玩的时候是最放松的，而人在心情好的时候，对一切事物的包容度与接受度都会提高很多。所以，在孩子玩的时候融入进去是最好的时机。与孩子一起玩他想玩的、爱玩的东西或游戏，玩什么不重要，重要的是能够产生互动，能够在互动中为自己寻得一个表现的机会，让孩子对自己改观。

比如，一个妈妈总是会说孩子笨手笨脚，搞得孩子在她面前畏畏缩缩。

那么，在与孩子玩的过程中，与其说一些“哇，你好棒啊”，“你太厉害了”之类没营养的干话，不如做一些事情，让孩子产生优越感。

就拿我来说，孩子特别喜欢各种车和各种枪，家里有很多这样的玩具，关于车和枪这方面，他和他爸爸交流得比较多。有一次，我惹了他不开心，想要哄哄他，可他不理我。看他在玩枪，我就主动凑了过去。

“这个枪是不是可以拆卸组装的？”

孩子“嗯”了一声，不冷不热地做了肯定的回应。

“那你猜我会不会把它拆开，然后再组装上？”

“我不知道。”

“我觉得我应该可以，你让我试试。”

小家伙其实来了兴趣，但假装不经意的样子把枪放到沙发上，眼睛都没看我一眼。

老实讲，我还真没拆过这东西，更没组装过，还真不太懂。取下弹夹，瞄准镜，消音器之后，枪的主体部分我却无从下手了。我也不求助他，只是这里试一下，那里试一下，完全不知道该怎么拆开。

孩子看得心急，一把拿过去说："哎呀，不是抠那里的，是从这里一滑再一拔就出来了。"

"哦，那我再装回去。"

会拆了，自然组装也不是难事，很快我就组装好了。正当我一脸得意的时候，孩子却一脸恨我不争气的样子，说："唉，瞄准镜装反了，你自己看看，里面能放大吗？"

我一看，确实装反了。再看看孩子，一副"你可真笨"的样子。

我想，这个时候孩子会发现：原来妈妈也不是无所不能，他们也有笨手笨脚的时候。

强势的父母在孩子面前偶尔"示弱"，会有意想不到的效果，让孩子发现自己温和、可爱的一面；弱势的父母偶尔在游戏中"示强"，会让孩子另眼相待，就好像看到了"游戏大神"一般，产生崇拜感。

所以，玩是一个契机，能让孩子从中看到更多面的父母。

孩子不会因为一次愉快的玩耍就对父母彻底改观，即使可以，父母与孩子关系的改善也绝不是一劳永逸的。人与人之间的情感关系，是需要用心经营与维护才能得以持久地保持良好的状态。

有趣的“脑筋急转弯”

傍晚在房间里点燃了 6 根蜡烛，其中被风吹灭了 1 根，第二天还剩几根蜡烛？

答案：1 根。

亲密有间，适当的空间给予让彼此更融洽

我们形容两个人关系好，会用一个成语——亲密无间，其意是形容关系十分亲密，亲密到没有隔阂，这里的“间”就是缝隙的意思。亲密到连一丝缝隙都没有，这样的关系其实是蛮可怕的。所以，从很早开始，“亲密有间”这个词已经被更多地使用和倡导。

亲密有间，也就是说两个人之间的关系再好，也要保持一个适度的距离，这样反而更有利于关系的维护与健康发展。从心理的角度来说，每个人都有“空间需求”，这个空间是专属于个人的、私密的空间。我们不喜欢被侵犯，不喜欢被打扰，在这片天地里，我们有绝对的自由，可以尽情地放松。

“看，这是我的房间，这是我的书架，这是我的玩具架，这是我专门画画的地方……”楼里几个邻居家的小朋友到我家来玩，刚刚分房睡的小家伙正在兴头上，拉着小朋友们便去参观自己的房间去了。

这几个小朋友不是第一次来，那个房间也不是第一次见，要说变化，其实也不大，只是为了分房稍做布置，增加了几个富有童趣

的小装饰而已。

“不要在床上乱蹦，都到垫子上玩。”

“这个抱枕不要放在地上。”

“玩具要玩的拿出来，不玩的就及时放回去。”

我希望即使有其他小朋友来，他也能保持良好的习惯，因为只要家里来了小孩，他就玩疯了，什么都不管不顾了。

结果我被下了逐客令。

“妈妈，你出去吧。”我刚一出来，小家伙就“啪”一声把门关住了。

这门一关，我看不到他们的活动情况，反而心里没底了。毕竟都是一群小孩子，玩起来也没有个分寸，上次水彩笔被他们遗忘到床上，因为没有盖笔帽，颜料染到了床单上，还渗透到了褥子上，害我好一番清理。

当我又开门进去想要交代一番时，小家伙生气地喊道：“妈妈，这是我的房间，你进来要敲门呀。”

孩子在向其他小朋友演示新买的遥控车，因为操作不熟练，所以车子卡在拐角处怎么也过不去。我过去想要帮他顺利地完成演示，但最终却被嫌弃了。

小家伙压根不让我碰遥控器，焦急地喊：“我会。”

然后又焦急又乞求地说：“妈妈……你出去吧。”

我第二次被赶出来，并且看得出来孩子情绪不太好，我失落的同时也终于意识到自己的错误。

首先，既然已经分房，说好了那是他的房间，那么就应该给他房间享有权，让他能在自己的空间里做主。

其次，不能因为怕洗床单、收拾玩具，就给孩子和他的朋友们“画圈圈”，这也不能干，那也不能做。这让孩子在朋友们面前很没面子。

再者，我不应该剥夺孩子独立处理问题的权利，孩子有炫耀、展示的欲望，那么在过程中出现的问题应当让孩子自行处理。我的突然介入，也让孩子在朋友们面前感觉很丢脸。

最最重要的是我的不信任。在给予了孩子空间后，不应该一次又一次地打扰和干涉，应当把控制权给到孩子手里，这是一种信任，也是一种尊重。

孩子越大，对“自我空间”的需求就越强烈，要求就越高。父母在满足孩子需求的同时，其实也可以满足自己，给自己留点空间与时间，让心灵得以放松，让身体得以休息……所以，这也是一种互相成全。

和孩子一起玩个小实验吧

项目：制作不倒翁

材料：乒乓球2个，橡皮泥，沙子，彩纸，彩笔，胶枪

步骤：

1. 将乒乓球剪开一个口，但不宜过大，能够将橡皮泥塞进去即可；

2. 将橡皮泥塞入乒乓球的底部，居中填放，再按平整；

3. 将彩纸卷起来做成一个圆锥筒，用彩笔画上五官；

4. 将圆锥筒的开口处和乒乓球粘好；

5. 推动它，会发现它会摇摆，但不会倒下；

6. 再拿另一个乒乓球以同样的方式制作，只是将橡皮泥替换为沙子，再作观察，会发现，填沙子的不倒翁一推就倒。

知识点：

不倒翁有了稳定的重心就不容易被推倒。

第五章

通过玩耍，

我们可以给予孩子什么

做自己的勇气

人的一生，很多时候会失去做自己的勇气，原因是来自父母的过分管束或是因为外界反面的声音。

比如，一个男孩子喜欢粉色，因为被别人笑话，所以再也不敢表露自己的喜欢，装作喜欢男孩子“应该”喜欢的颜色，比如蓝色、黑色。

比如，隔壁小男孩说话声音轻声细语的，总被人打趣，还被大一点的孩子叫“娘娘腔”，从此以后，他再也不敢开口说话。

比如，一个女孩，因为别人说她长得丑，所以去整容。

通过玩耍，父母能够给予孩子什么，取决于父母本身。父母若是在玩耍中剥夺了孩子的选择权，那么孩子便失去了选择的能力；父母若是在玩耍中鼓励孩子主动表达自己，为自己的事情做出选择，或者是参与选择，那么，孩子的人生便会刻上自主与自信。

表妹总说，自己过的从来就不是自己想过的人生，而是舅妈想让她过的人生。

· 她想留长发，舅妈说短发好打理；

· 她想穿得酷一点，舅妈想让她穿得淑女一点，重要场合，还必须穿裙子；

· 她喜欢画画，舅妈说女孩子练跳舞最好，能有好的形体，提升个人气质；

· 她想上那个大学，舅妈让她上这个大学；

· 她想学设计专业，舅妈却让她学了医，说医生待遇好，毕业后好找出路；

……

毕业后，表妹做着不喜欢的工作，工作单位也是舅妈托关系找的。老公是舅妈安排的相亲中结识的。自此，她过着舅妈认为理想的幸福的生活。

她说："现在有时候我会想，为什么以前那么怯弱，为什么只敢在心里反抗，嘴巴上却不敢为自己据理力争？"

"如果……我当时据理力争，或是自作主张，先斩后奏的话，现在的人生也许就是另一番景象了吧？"

不敢为自己据理力争，正是因为她缺乏坚持遵从自己的内心想法，大胆做自己的勇气。

表妹的孩子即将出世，她说，以后她的孩子一定不能像她一样，"我一定要让他做自己""过他想过的人生""不要像我，连做自己的勇气都没有"……

表妹不缺乏陪伴，舅妈对她很上心，也付出了很多，但在引导孩子"自主""自信"方面就没有那个意识。她的关注过多地放在表妹的身体健康，而忽略了心理健康；过多地看中成绩，而忽略了表妹的兴趣爱好；过多地从自己的角度考虑现实，而忽略了从表妹的角度考虑她的梦想……

我们之中，有多少人曾遇到过这样的父母？

我们之中，又有多少正在成为这样的父母？

只要我们愿意，那么外界施加给孩子的“自我怀疑”就算不了什么，因为只要孩子内心强大了，一切外来的刺激就都伤害不了孩子了。

所以，我们要在陪伴孩子的过程中，让孩子有安全感，给他爱与呵护，给他鼓励，陪他思考，陪他选择，和他一起对抗外界的声音，对那些不好的声音大声说“不”。

我们要让孩子知道，快不快乐是自己的内心感受，由自己说了算，不应被外界左右，也不要奢求外界给予。有自我给予的能力，这个是最重要的。

趣味小知识

蜜蜂怎样制作出甜甜的蜂蜜的？

答：白天，蜜蜂会在花朵上采集甜甜的汁液，回到蜂房后将汁液吐到空处，到了晚上再把甜汁吸到自己的胃里进行调制，之后再吐出来，然后再吸进去，再吐出来……反反复复进行一百到两百多次后，才酿成了香甜的蜂蜜。

阳光的性格

不是说“会玩耍的孩子性格更阳光”，而是有父母陪着玩耍的孩子，性格会更阳光。

我们都知道一个人的性格有多重要，它在人的一生中起到什么样的作用，性格的好坏，很大程度地影响着人的幸福感。

我之前看过一篇文章，大意是说：国外有早教专家进行了专项的研究，结果显示，父母陪着孩子一起玩耍、互动、交流，更有利于孩子的心理健康以及积极性格的形成，这种情况下的孩子性格相比缺乏父母陪伴玩耍的孩子，会更开朗、阳光，更积极乐观，心理承受能力也更强。

我们楼里有一个孩子，刚搬进来的时候只有四岁，性格特别内向，见人就往爸妈身后躲，以至于刚开始的一两年，我都没有听到这个孩子说一句话。

因为装修时有些来往，我和这个孩子的父母关系不错，偶尔串串门，互送一些家乡特产。老实说，因为生活作息不同，所以也很少能碰到面，只是偶尔碰到几回，我都会主动和这个孩子打招呼，但几乎得不到她的一句回应。不论她妈妈怎么劝她，或是教她怎么说，她都不说。

大概又过了一两年，到了她上小学的年纪吧，偶然的一天，我又在电梯里碰到她。我的目光迎上了她的目光，我刚想要打招呼，还没等我开口，就听见这小女孩欢快地说道："阿姨好。"

我惊奇地望向她的妈妈，然后表示，这孩子变了好多啊，变高变瘦了，但最重要的是性格变了。以前多么怯生生的、性格内向的小女孩，现在变得落落大方。

当晚，小女孩的妈妈带着孩子来给我送刚从老家带过来的花生和红薯粉条，便坐了坐，聊了聊。她妈妈已经不是第一次来了，而小女孩是第一次跟着来。她很有礼貌，和我家孩子玩了一会儿后，看到书架上的书，便问我说："阿姨，你家的书好多啊，还有这么多童话故事书，我能借一本看看吗？"

我应允了她。

从那次谈话中我得知，女孩在搬来之前一直是在老家由爷爷奶奶带。爷爷打着份零工，每日很忙；奶奶种了一片田，也时常会忙，爷爷奶奶除了让女孩吃饱穿暖，基本上很少交流。这让女孩妈妈很焦虑，也因此才下定决心将孩子带到城里来，留在自己身边，为此还把工作也辞了，专心在家带孩子。她只要有时间就带孩子出去转转，多和人接触，多见识见识外面的世界。之后，在她的要求下，老公也配合，调动了工作，尽可能地少出差，多一些时间和她一起陪孩子。

她说，真的就像她看到的一句话：教育孩子就得有牵着蜗牛散步的决心，不能急，只能慢慢来。好在功夫没有白费，这些年下来，女儿开朗了很多。

父母陪伴玩耍的孩子，能感受到更多的爱与容纳；父母的关爱一点一滴地注入孩子的内心，给他们力量，给他们勇气，从而消除内心的不安与懦弱。这样孩子的性格也会更阳光。

有趣的“脑筋急转弯”

小强不小心把大量的杀虫剂喷到了牙齿上，为什么却不去医院？

答案：因为他喷到的是假牙。

强健的身体

带孩子去上街舞课，第一节课时老师就跟家长说，街舞也是需要力量的，所以体能培训也很重要，除了上课时间的热身运动和体能培训，课余时间家长最好能陪着孩子多运动，增加他们的力量感和体能。

当时有一个孩子妈妈说："我家孩子别的不行，就体能好，俯卧撑能做 10 个。"

她家孩子我们都知道，因为是班里最小的孩子，只有 4 岁半，个子小小的，瘦瘦的。老师和其他家长们都很吃惊，这位妈妈便让孩子表演一下。结果孩子真的标标准准地做了 11 个俯卧撑。

"别看我们又瘦又小，可体能很好，每天跑步要跑 5 公里呢。"

后来的闲聊中，我才得知，这个瘦瘦小小的孩子小的时候身体素质并不好，刚出生便进了保温箱，待了半个多月才出来。之后他就小病不断，三天两头，不是发烧，就是咳嗽。

孩子断奶的时候已经学会走路了，妈妈要重回岗位，所以将他交给爷爷带。爷爷有每天跑步的习惯，"一天不跑就浑身不舒服"，所以只能天天带着孙子跑。刚开始爷爷抱着孙子跑；后来爷爷抱着跑一会儿，小踏步带着孩子跑一会儿；再后来爷孙两个一起慢慢小跑；再后来，孙子的速度已经赶上爷爷的速度了……

这位妈妈刚开始还对爷爷带孩子跑步有看法：觉得这样其实对孩子的身体发育并不好，比如会对骨骼发育不好之类。

可是，后来孩子跑步后的确很少生病，吃饭也比以前好，渐渐地，妈妈也不反对了。

孩子 3 岁的时候，爷爷因为一些原因回老家了。这位妈妈和丈夫商量了一下，一致认为孩子的运动不能停，此后便由爸爸接替了爷爷，带孩子运动。只是相比爷爷，爸爸的运动项目更多一些，不只是单一的跑步，还带着孩子踢球、游泳，做仰卧起坐，做俯卧撑……

本来是为了孩子的健康，结果孩子爸爸也得到了锻炼，啤酒肚没有了，失眠也好了，生活也更规律了。一举两得，简直完美。

事实上，现实生活中像这样的爷爷并不多见。老人带孩子本就力不从心，因为身体机能的退化，体能与精力上根本跟不上孩子的节奏，而爸爸妈妈则不同，年龄上有很大的优势，可以有体能和精力去陪孩子做一些运动项目。

小孩子天生爱玩，喜欢蹦蹦跳跳，喜欢到处跑，只要父母愿意，孩子自然是乐意的。

孩子会因为父母的加入而玩得更起劲，比如踢足球，原本孩子玩 30 分钟就没力气了，但如果爸爸陪着玩的话，玩 1 个小时也不觉得累。

年龄越大，就越深知健康的可贵，不是有个经典的比喻么：如果把人生所拥有的东西用数字做个排序的话，健康就是排在第一位的 1，其他财富、权势、名望、地位等都是排在后面的 0，健康在，一切才有意义，没有了健康，那一切都将“归零”。

哪个父母不是望子成龙，望女成凤，但在儿女成龙成凤之前，首先他们得拥有健康的身体。

和孩子一起玩个小游戏吧

项目：文字接龙

规则：

1. 第一个人先说一个词，第二个人要以这个词的最后一个字组成另一个词说出来，比如“米饭”，接“饭勺”；

2. 每个人以上一个词的尾字作为自己的首字来说词，一直接下去，如“米饭——饭勺——勺子——子弹——弹壳……”；

3. 可全家一起玩，人越多越有趣；

4. 轮到某个人时，接不上来的，视为输家。

敏锐的感知力

这个世界很大，这个世界很奇妙，这个世界充满了精彩，这个世界有它的样貌，这样世界有它的味道，这个世界有它的声音，这个世界有它的触感……

我们可以在与孩子玩耍时，与孩子一起去认知这个世界，去探索新鲜，感知美妙。

这个世界有它的样貌。

4 岁时，孩子很喜欢大海，但却从来没有见过海。他在绘本上看到过，在电视里看到过，但就是没有亲眼见过。以至于，他去到有沙滩的水边，就认为那是海。

我们喜欢带他去黄河边的浅滩玩，周末那里聚满了人，细细软软的沙滩，是所有小朋友们的乐园。孩子感叹说："哇，这个海好大。"

我告诉他："宝贝，那不是海，那是河，它叫黄河。"

也就是在那个时候，我开始计划着，一定要让孩子亲眼看一看海，真真切切地感受大海和海边的沙滩。

青岛和日照之行，孩子格外兴奋。大海边有礁石，上面长满了贝壳；海边的沙子更细，更透亮，还藏着很多“宝藏”；海浪很调皮，一扑一扑地，追着他的小脚丫跑；海水很咸，不小心溅到嘴里，咸得他直吐舌头……

除了大海，还有森林，湖泊，山峰，小溪，花海……有城市的灯火通明，也有乡间的曲径通幽；有别致的小木屋和茅草屋，也有耸入云霄的奇特大楼……这个世界有很多样子，孩子用他们的眼睛看，才能看得更真切。

这个世界有它的味道。

比如海水是咸的；比如花是香的，但又不全是香的，有一些花闻起来很刺鼻，长的很美却臭臭的；比如收获季节的果园里，空气也弥漫着香甜的果香味……

比如各地的特色美食是不一样的，不同的食物有着不同的味道，同样的食物通过不同的做法，也能呈现出不同的味道。

这个世界有它的声音。

比如风的声音，是呼呼的声音，也是树枝乱颤的声音，窗户哐哐的声音，风吹过万物的声音都是不同的声音；雨的声音，是哗哗的声音，也是屋檐下嘀嗒的声音；夏季知了鸣叫的声音；农忙时布谷鸟的声音……

这个世界有它的触感。

比如风吹过指缝、扑过脸颊的感觉；雨滴在肌肤上的感觉；雪轻轻飘落到掌心的感觉和被寒风吹到脸上像刀子一样的感觉；脚踩到沙子、泥土、草地、青砖、石子、棉花、秸秆、水坑、雪地时不同的感觉……

感受这个世界，需要我们动用自己的一切感官系统。用眼睛去看，用鼻子去嗅，用嘴巴去品尝，用手去触摸。

人能在世界中得到多少东西，体验感很重要。龙应台说："上一百堂美学的课，不如让孩子自己在大自然里行走一天；教一百个钟点的建筑设计，不如让学生去触摸几个古老的城市；讲一百次文学写作的技巧，不如让写作者在市场里头弄脏自己的裤脚。"

席慕蓉也说："如果一个孩子在他的生活里没接触过大自然，譬如摸过树的皮、踩过干而脆的落叶，就没办法教他美术。因为，他没第一手接触过美。"

所以，带孩子多出去走一走，转一转，让他亲身去体验，比给他讲一千本书，看再多的纪录片都有用。看到的，嗅到的，尝到的，触摸到的，真切的感觉会沁进孩子的心里，这是书本知识没有办法给予的感受。

趣味小知识

知道吗？大象是不会跳跃的。

这是为什么呢？

答案：因为它的身体太重了，只要跳起5厘米，它的腿就有可能会骨折。

专注力的提升

“性痴，则其志凝，故书痴者文必工，艺痴者技必良。”这句话是出自蒲松龄的《聊斋志异·阿宝》，意思是：性情痴狂的人，那么他的意志十分专注，所以痴迷读书的人一定善于文辞，对某一项技艺痴迷的人，他的技术也一定十分精良。

所以，孩子以后学习好不好，技艺精不精，日后能不能在某个领域出类拔萃，首先要从儿时开始，培养孩子的专注力。

能够静下心来去做一件事情，专心专意，心无旁骛，将所有精神都放到一件事情上，那么，怎么会有做不好的道理呢？

很多父母吐槽孩子定不下来，屁股跟长了钉子似的，安静地坐不了几分钟。同一个玩具玩不了几分钟就不玩了；吃个饭看看东，看看西，跑一会儿，再回来吃几口；写个作业，抠抠这里，看看那里，心思不知道跑到哪里去了……

事实上，专注力是可以培养的。只是要讲求方式方法，不是每天强迫他坐定十几分钟，生硬地去养成这个习惯，要用孩子容易接受、乐意接受的方式去引导他。

比如，我们可以和孩子一起玩拼图玩具，让孩子选择他所喜欢的图案，比如男孩子喜欢的蜘蛛侠、奥特曼、汪汪队等，女孩子喜欢的艾莎公主、白雪公主、小猪佩奇等。

先从简单的图案、拼块少的开始。培养他的自信心，让他从拼图游戏中找到满足感，激发求胜欲，当简单的玩透了之后，便可以增加难度，比如 9 块拼图玩透了，就玩 12 块的，然后再玩 16 块的、24 块的、32 块的……

块数越多，需要的时间越长。所以，这也是一个循序渐进的过程。

让一个专注力差的孩子一下子静坐 30 分钟，那很难（当然，抛开玩手机和看电视），我们可以让孩子从 3 分钟开始，然后 5 分钟，然后 10 分钟，然后 15 分钟，20 分钟，25 分钟，30 分钟……

专注力需要一点点地提升，急是急不得的。

我们可以结合孩子的感观去陪着孩子的专注力，比如视觉，听觉，嗅觉等。

训练视觉专注的游戏，可以玩“找茬”游戏，也就是“找不同”；训练听觉的游戏可以玩“听声辩曲”，如果孩子太小，曲库有限，那么可以改为“听声辩动物”，提前与孩子一起听一些动物的叫声，然后开始比赛，看谁猜得对；训练嗅觉专注的游戏，可以玩“盲猜”游戏，放置一些“有味”的物品，比如水果、花、鱼、糖果等，在蒙上眼睛的情况下进行比赛，看谁猜得准，猜得快，猜得多……

游戏的设置可以自己设计，重要的是在与孩子玩的过程中，采用比赛的形式，激发孩子的胜负欲，让孩子可以投入其中。

趣味小知识

人的头发里含有金子吗？

答案：有。科学研究表明，人的头发里有二三十种元素，其中便有金，但占比很小，小到几乎可以忽略不计，但确实是有的。

思维开阔，拥有更为开放的创造力、想象力

平时和孩子相处的过程中，我发现三四岁孩子的想象力似乎比我们这些大人还要强大。

和他一起玩积木时，他拼了几只小动物，乍一看，觉不出来，但听他讲，哪里是头，哪里是身体，哪里是尾巴，哪只是站着的，哪只是趴着的……再一看，还真像。

孩子喜欢车，用积木搭出了几辆车，有几个我一眼就看出来搭的是什么，比如推土机、水泥罐车、货车，但有几个我不太看得出来，也是经过他的解释，我才越看越像。

还有一些他“自创”的“功能特别强大”的车，兼具了很多功能。

“它是做推土车，前面这里可以推土。”

“上面有挖斗可以变身为挖掘机。”

“这里有折叠的云梯，可以做云梯车，做救援或搬家任务哦。”

“这个长长的杆子是吊臂，可以作为吊车使用，可以吊各种东西。”

“后面还有一个小型的水箱，可以作为洒水车，如果工地着火，它还有水带可以灭火。”

说完之后，他的神情有些纠结，缓缓地继续说道：“我其实在考虑，要不要给它加入一些机器人的功能。给它装四条腿，这样如果路不平，它就可以走路，需要在坡上工作时，它的每条腿都可以钻地，扎到地里，这样车子就不会翻倒……”

看着他一脸认真的模样，我不禁想，他的小脑袋瓜里到底装了多少奇思妙想。

有时候，我们会嘲笑孩子的想象，不切实际，过于幼稚，或是毫无逻辑，可他还是个孩子啊，没有丰富的知识与理论加持，所以显得天马行空。不过，也正是得益于没有丰富的知识与理论禁锢他的思维，让他可以无限地放大自己的思维与想象力。

“妈妈，你看我画的画，漂亮吧？”

“这个云怎么是黄色的，那个又是粉色的，每一朵云的颜色都不一样。还有这个花，怎么画的这么大，比这个小人还大。”

“这样花瓣就可以当一把伞，太晒时可以挡太阳，下雨时可以当雨伞啊。”

“那这个又是什么？是房子吗？那房子上面是什么？”

“房子上面是地面啊，这是一个建在地下的房子和花园。”

“那这棵树为什么长这个样子？一半在地上，一半在地下，颜色怎么也没有涂完整？”

“因为它除了是一棵树，它还是一个隐藏的门，这些花草后面其实是一个树洞，树是空心的，这样就可以直接通到地下，然后进入到地下的房子和花园……”

……

遇到这种情况，你会如何反应？

第一种：“孩子，你要学会观察，观察事物本真的样子，比如天空应该是蓝色的，云朵应该是白色的，花儿应该小小的，房子应该在地面上，花园也只有在地面上，有了阳光，经历了风雨才能长的好，树如果是空心的，那它肯定就死掉了，那又怎么会有这么繁茂的枝叶还有红扑扑的果子呢？”

第二种：“哇，我也好想住到这样的房子里。不如，我们给它起个名字怎么样？就叫‘未来世界’如何……”

第一种看似注重“写实”，但其实是扼杀了孩子的想象力，相比之下，第二种做法更有利于保护孩子的想象力，如果让我选，我会选择第二种。不但会肯定他的奇思妙想，还会陪他一起天马行空，让这个“梦幻世界”更加丰富多彩，然后，将它装进画框，挂在家中最显眼的位置。

每个孩子都是天生的创想家，他们还没有形成固有思维，脑袋瓜里装满了各种奇思妙想。作为父母，我们要做的就是，保护他的奇思妙想，那便是保护了他天马行空的想象力。

也许将来，孩子会成为一名优秀的科幻小说家，动漫电影编剧，或是游戏场景设计师、建筑设计师、艺术家……所以，请不要在这之前，抹杀了他最宝贵的东西。

和孩子一起玩个小游戏吧

项目：找字游戏

材料：书2本，铅笔2支

规则：

1．每人手拿1本书，1支铅笔；

2．双方商定1个的字，比如“的”；

3．然后再商定1个页数，比如第12页；

4．翻开后，各自用铅笔将设定的字圈出来，看谁圈到的数量多，谁便赢。

动手能力

老一辈总说：“小的时候，不会干的时候非要干，还抢着干，长大了，会干的时候让干也不干。”

比如孩子在两三岁时，会有强烈的动手欲望和模仿欲望，他们想像大人一样去做一些事情，比如洗衣服，拖地，打鸡蛋，自己拿筷子等。但是通常也会遭到大人的拒绝与阻止，因为他们肯定做不好，在我们想来：孩子也就是图好玩，最终还是“帮倒忙”。

的确，我们认为很累、很烦琐的家务，孩子会觉得很有趣，他们的初衷不是为了帮忙，但也不是为了“帮倒忙”，即便是抱着玩的心态（这是一定的），但愿意动手去做，这是最真切的。

不怕脏，不怕乱，不怕麻烦，陪着孩子一起做，让孩子在玩乐中享受到动手做家务的乐趣，这样的父母带出来的孩子，动手能力一定不会差。

作为父母，我们不自觉地会在心里暗暗将自己的孩子与别人家的孩子进行比较，偶尔会惊叹于别人家孩子的能力。

我刷朋友圈时，经常会看到一位朋友晒她家孩子的生活日常，偶尔会发一些照片，但大多是小视频。小视频里，她的孩子在搭积木，在画画，在叠衣服，在洗袜子，在整理玩具，在煎鸡蛋，在热牛奶，在做面团，在烤面包，在做披萨……

我太惊讶了，才五岁的孩子，怎么会做这么多。

我太震惊了，才五岁的孩子，怎么可以让她做这么危险的事情！

但同时，我也太羡慕，才五岁的孩子，动手能力怎么这么强。

再看看我家的孩子，这个也不让他做，那个也不让他做。要么是怕他搞脏搞乱，要么是怕危险伤到他或者烫到他……

于是我反思：再这样下去，当我觉得孩子能做，可以做时，孩子是不是已经失去了做的欲望和动手的能力？那个时候再去培养，是不是比现在他意欲正浓的时候更难了呢？

答案是肯定的。

所以，我开始改变自己，从一开始的说不，变为鼓励孩子去做，做他想做的事情。

不知是醒悟得稍稍有点晚还是怎么，我发现孩子想做的事情却做不了多久，能善始却不能善终。于是，我便全程参与进去，用尽各种手段与策略，让他坚持到底，将事情做完结。比如洗衣服，他洗他的小衣服，我洗我的大衣服，当他想要放弃时，我便采取比赛机制，比谁搓出来的泡泡多，比谁洗的快，比谁先把泡泡洗干净……

以玩的方式去做家务，对于孩子来说，那就是在玩，不是在做家务。所以，他们从中感受到的不是劳累，而是快乐。

如今，我也尝试着让他在危险的边缘试探，试着让他去做一些

“有风险”的事情，比如煮鸡蛋、煎鸡蛋、蒸鸡蛋、炒鸡蛋，先从打鸡蛋开始，把安全细节告诉他，在他的旁边鼓励他。也许一开始他做得不好，但慢慢地，熟能生巧，他做得越来越熟练。

我也鼓励孩子的爸爸和孩子一起，去拆卸一些玩具，然后再把它拼装回去。所以，现在孩子玩螺丝刀的能力也是十分熟练。

我庆幸我及时地醒悟了，没能让孩子像我一样，到了高中还“十指不沾阳春水”，家务全是妈妈做，衣服也是攒到周末交给妈妈洗，直到上大学开始，才不得不自己动手。

在孩子动手能力变强的同时，他的独立自理能力也在变强。

和孩子一起做个小实验吧

项目：培育彩色花

材料：杯子5个，水，白色康乃馨5枝，食用色素5种

规则：

1．在杯子中倒入同样多的水；

2．在水中分别滴入等量的色素，如红、黄、蓝、绿、紫；

3．将5枝白色康乃馨分别插入5个水颜色不同的杯子里；

4．接下来的几天里观察花朵的变化；

5．会发现，原本白色的花朵变成了彩色。

知识点：

植物靠茎来运输水分和养料，所以当花茎泡在有颜色的水中时，它会将水分吸收并运输到整枝花，包括花瓣，所以白色的花朵会变成彩色的。

安全意识和自救能力

某月，我刷到了这么一则新闻：一个 3 岁的小男孩和爸爸一起去上班，在财务室里玩时却不小心将自己反锁在了里面。财务室里当时没有大人，只有小男孩一个人在里面，这让所有人都着了急。因为财务室与其他科室不同，使用的门锁也属于精密的高级锁，以至于开锁师傅也束手无策，没能打开。

后来，孩子爸爸提议，将开锁师傅的电钻通过窗户给孩子递进去，让孩子自己打开房门。

原本以为这是个极为不靠谱的做法，因为电钻毕竟还是具有很强的危险性的，一个 3 岁的小孩子一不小心便极有可能伤害到自己。但令人惊奇的是，小男孩只花了几十秒的时间便将房门打开了，并且神情自若，毫不慌张。

原来，小男孩以前玩过玩具电钻，虽然是玩具，但和真实电钻的原理是差不多的。

我们在佩服小男孩的动手能力和自救能力时，也不得不佩服这位爸爸，他能够有放手让孩子去做的勇气，这对于一般人来说，很难做到。

但我想，这份勇气不是平白而来的。如果没有平时和孩子一起玩电钻的游戏，熟知孩子对于电钻的精通与熟练，他也是不放心让孩子去做这样带有危险性的事情的。

这让我想到，既然是陪孩子玩，如果能够将一些安全自救的知识融入玩乐中，那么到了关键时刻，它就会变成孩子自救的能力。

比如，我们可以和孩子玩情景游戏，情景由我们设定：假意我们生病晕倒了，这个时候应该怎么办?

在这个情景游戏中，我们要让孩子能够做到——从容冷静，熟练地拨打急救电话，并报清具体地址。

再比如，我家孩子特别喜欢做消防员，那就在游戏设定中，将他假定为消防员。我是求助人员，在给他打电话之前，我会做一些应急措施，比如用湿毛巾捂住口鼻，然后给他打电话，打通后会刻意询问：“喂，请问是 119 吗?”以加深孩子对这个数字的记忆。

孩子会说：“是”。然后我便给他大概讲述一下现场情况，然后报清地址。孩子挂了电话会到现场救火。

一次游戏结束后，便开始角色互换，我当消防员，他当求助人员，我便会观察他在失火现场中的应急处理情况，并且及时地给予指正。

当然，防比治更重要，与其等危险发生后去自救，不如提高安全防范意识，让危险不要发生。这也需要我们在游戏当中给予引导，将之深入到孩子的思维当中，变成习惯的一部分。

和孩子一起玩个小游戏吧

项目：角色扮演

材料：玩具诊疗用品 1 套

规则：

1. 先进行角色设定（可互换），比如孩子装作病人，爸妈做医生；

2. 情景设定，假设孩子被开水烫伤了，看孩子如何应对；

3. 引导孩子打电话（120）求助，以医生的角色告诉孩子：应该马上打开水龙头，用流动凉水冲洗 30 分钟以上，给烫伤处降温；

4. 然后，再到医院寻求医生的帮助；

5. 作为医生的自己，可以假装给孩子消毒，涂药，并交代他一些注意事项；

6. 第二局可角色互换，让孩子当医生来处理类似的情况，以加深记忆。

第六章
对抗电子游戏，成为孩子更亲近的玩伴

手机是疏离家庭情感关系的最大敌人

之前讲，不同年龄阶段的人对于玩的喜好不同，比如小孩子喜欢各种玩具，年轻人喜欢聚会、打游戏，老年喜欢下棋、跳广场舞，但细细一想，我发现这个说法其实不严谨，因为手机的出现，倒是在这方面完成了各个年龄层的统一。

老、中、少、幼等各年龄层的人都抵抗不了手机的诱惑，不曾接触的还尚可控制自己，一旦接触了智能手机，就会彻底地沦陷了。

就拿我妈来说，她以前用的是我们淘汰掉的手机，也就接打个电话，其他再多的功能她也用不到。况且，以前的手机也没有太多的功能，屏幕小，操作也复杂。

后来，我们淘汰掉的手机越来越智能化，我妈也还是只用于接电话，打电话，她的本意是“按键机”还能用，不用换智能机，因为懒得学。但后来是为了方便和外孙视频，更换了智能手机，可也就只装了一个微信，平时用于接收图片和小视频，或是视频通话、语音通话。

再后来，都实行网上缴费，她总是要跑去代缴点交费，我不想让她跑，所以便在网上给她交了几次电费。她不想麻烦我，所以提出要学。我便教给了她，虽然过程很耗费精力，但通过一遍又一遍地讲解，老妈总算是学会了。

之后，她又主动要求学发红包，收红包，发语音短信，发小视频。

再然后，为了丰富她的生活，我给她下载了小视频软件，让她可以娱乐娱乐，打发一下无聊的时间。

我的公公婆婆也是在我的引领下，掉入了智能手机的“坑”，刚开始只是为了方便家人间视频通话，后来便教他们如何看新闻。因为视力不好，字又小，所以便教他们看视频。

隔了很久，再次回去时才发现，不管是回哪个家，老人、小孩和我们，都是人手一个手机，家人间的交流变少了。

我公公曾向我吐槽我婆婆，说：“你妈现在是手机依赖症重度患者，比你们年轻人还要严重，一天到晚手机不离手。半夜不睡觉一直在看手机，睡醒了第一件事还是看手机，做饭看手机，吃饭看手机，走路看手机，家务活都懒得做了……”

我婆婆也硬声呛道：“说的好像你玩得少似的。”

老两口几乎一天 24 小时待在一起，但从早到晚却说不上几句话。

不仅是老年人，年轻的夫妻间，父母与孩子之间，因为沉迷手机，交流少了，感情淡了，关系也疏离了，这样的情况并不少见。

情感是通过互动与交流得来的，一家人在一起，吃吃喝喝，聊聊天，话话家常，谈谈心事……在沟通与交流中，增进彼此间的了解，更新彼此的状态认知，表达对对方的关心，也感受来自家人的关心，如此，情感既可以有最基本的维持，也可能得到促进和升华。

如果一个家庭里，每个人都在虚拟的世界里迷失了自己，将自己的时间与精力都花费在了手机上，而忽略了亲人间的情感交流，那么情感关系再浓厚的家庭也会最终走向淡漠、疏离的道路。夫妻关系、亲子关系，都会受到影响。

当人和手机的关系越来越近时，也就意味着人和亲人的关系便越来越远了，越来越淡漠了。

所以，手机在我们家已经被列为破坏亲人间情感关系的最大敌人。

趣味小知识

有没有蓝色的交通信号灯呢？

答：有。日本的交通信号灯使用的是红色、黄色和蓝色，没有绿色，所以我们习惯叫的“红绿灯”，在日本恐怕就应该叫“红蓝灯”了。

引导孩子放下手机，欣赏这个更真实精彩的世界

手机对于人的攻击力很强，老年人、成年人都那么容易沦陷，更何况是小孩子。

很多父母吐槽孩子玩手机特别痴迷，也用尽各种手段扼制孩子玩手机，比如：

· 规定时间，到点后必须放下手机；

· 设置密码，让孩子打不开手机；

· 强制没收手机，直接断了他的念想；

· 制定惩罚制度，如果偷玩手机，一经发现就罚写作业、做家务或是不能买玩具；

……

结果呢，孩子为了手机，各种哭闹，有些家长在纠缠中妥协了，于是孩子和手机的感情越来越深，和父母的感情越来越远了。有些家长坚持住了，孩子虽然放下手机，但亲子间的关系并没有得到改善，孩子反而更讨厌、痛恨父母，究其原因竟然是不让玩手机。

“别玩手机了，你把手机关掉的话，我就陪你玩玩具。”

“不要，我不和你玩玩具，我就要玩手机。”

我不再说话，走到积木桌前，开始拼搭起来。

“你在搭什么？”

“游乐场啊。搭一个和你上次搭的一样的。”

“哎呀，不是这样弄的，这里要先建一个围墙，然后这里要建个游泳池，这边是滑滑梯……”

就这样，孩子放下手机，过来和我玩积木，一玩就是一两个小时。“作品”完成后，孩子一脸的自豪，还要拍照留存。

不要生硬地引导，而是看似不经意地带领孩子去做某些事，让他从其他地方得到更多的乐趣。

与其一脸不悦、两眼含泪地放下手机，不如让他高高兴兴地放下手机。我们也少了仇恨，多了友谊。

采取强硬的措施，戒手机的效果是有的，但并不利于促进亲子间的关系，所以，还是要以“引导”为主，用更为轻松、自然的方式去引导孩子主动放下手机，从虚拟的世界里脱离出来，多看一看真实的世界。

用真实去对抗虚拟，那么，真实的世界是什么样的？

这同样需要父母引导。如果只是要求孩子放下手机，让孩子自己去看，去感知的话，那么孩子所看到的，恐怕只是忙碌的父母，不堪重负的学业，复杂的人际关系，了无生趣的日常……

所以，生活精不精彩，取决于父母。父母应该引导给孩子看，激发孩子善于发现趣味，发现美好的事物，那么孩子才能看到这个真实世界里的趣味与美好。

首先，父母得先放下手机，如果，你不让孩子玩手机，自己却“机不离手”，那孩子的心里会是一种什么感受？父母的话又怎么会有说服力呢？

我们这样做不单单只是为了孩子，也是为了自己，彼此都应该从虚拟的手机中脱离出来，一起去感受这个世界。

刮风不怕，我们去感受风；下雨不怕，我们去感受雨；下雪了，我们去打雪仗、堆雪人……

森林、大海、高山、流水、小溪、湖泊……我们也都去走一走，看一看。

哪怕只是宅在家里，我们也可以找到很多乐趣，玩玩具，做烘焙，邀请小朋友到家里参加派对……只要想玩，还怕没的玩吗？只要找，比手机更好玩的项目太多了。

有趣的“脑筋急转弯”

有一个人去国外旅游，却发现他的周围都是中国人，这是为什么？

答案：因为他不是中国人，是从国外到中国来的。

研究电子游戏的功能性，进行“实质性转化”

很大一部分年轻父母和小孩都喜欢玩电子游戏，因为手机的方便性和普及性，所以近年来“手游”十分风靡，深受人们喜爱。只要一台智能手机，就可以下载想玩的游戏，走到哪里都可以玩，简直太方便了。

那么，既然大家都这么喜欢玩游戏，有没有一种办法，将虚拟世界里的游戏延伸到现实，在现实中与朋友、家人一起玩呢？如此，既保证了家人间的互动性，又享受了游戏带来的快乐，岂不妙哉！

其实，将虚拟世界的游戏延伸到现实，这样的案例已经存在了。比如真人 CS，现实版的“密室逃脱”等。

一些人会约上三五好友去痛痛快快地玩一场；一些人会全家上阵与陌生人组成的“敌军”战一场；一些公司也会将拓展训练的场地定在这种地方，通过组队游戏，来促进员工间的情感关系，通过团结协作来培养员工之间的默契度。

出于商业化的目的也好，出于一种情怀也好，能够将人们从电脑前、手机前拉回到现实，在真实的场景中，与真实的人一起玩，这种结果是好的。

同样，我们也可以试着将游戏简单地延伸到现实，在现实中与孩子一起玩，或是全家人一起玩。比如：

· 玩纸牌。准备几副扑克牌，可以完全模仿电脑中的玩法，也可以结合民间玩法，重要的是多人参与。根据孩子年龄阶段的不同，设置不同难易程度的规则，不能太简单，也不能太难。太容易赢激发不了孩子的胜负欲，太难孩子容易产生挫败感，玩几局就不愿玩了。

· 打靶游戏。可以在家里制造类似的场景，购买可代替的道具，和孩子一起玩。

· CS 游戏。大一点的孩子，可以带它去营业的真人 CS 场地；小一点的孩子则可以以家中为场地进行 CS 游戏。事先准备道具的过程也可以让孩子一起参与，比如制作空投包，头盔，手雷，绷带，急求包，功能饮料等。然后配备安全的玩具枪，与孩子在家里大战一场。

……

和电脑玩，不如全家一起玩，和电脑玩不出情感，和家人反而更能促进情感和谐。

真实游戏也许无法完全替代电脑游戏、手机游戏，真实游戏的体验感虽然真实，但场景道具没有电脑、手机游戏中的那么丰富多样，但在其过程中获得的快乐并不比电子游戏少。

父母千万不要觉得太麻烦，因为这个过程的确很烦琐，为了一场游戏，我和老公事先要设计很久，场景的布置，道具的制作，忙活大半天，就为了和孩子玩更逼真的游戏。不过，一旦场景布置好了，它可以用好几天。看到孩子帮忙做道具时无比认真的样子，玩游戏时那快乐的模样，就觉得：一切的麻烦都是值得的。

最重的是，虽然开始会觉得麻烦，但我们大人从中也获得了乐趣，同孩子一起玩耍，大大减少了对着电视、电脑、手机等这些机器的时间。

和孩子一起玩个小实验吧

项目：鸡蛋弹球

材料：杯子，白醋，鸡蛋

步骤：

1．在杯子中倒入白醋；

2．将带壳的生鸡蛋洗干净，放入醋中浸泡；

3．三天后拿出鸡蛋，冲洗干净后会发现：鸡蛋外壳不见了，原本液态的蛋清和蛋黄发生了变化，变得像个弹球一样，很有弹性。

知识点：

鸡蛋壳的主要成分是“碳酸钙”，当碳酸钙与白醋中的醋酸发生化学反应，蛋壳便会被渐渐溶解掉，只剩下蛋壳的内膜包裹着蛋清和蛋黄；蛋白质遇酸也会产生质变，所以蛋清也发生了变化，渐渐凝固，便产生了弹性。

与手机对抗的那些日子

●纸箱带来的快乐亲子时光

与手机对抗的同时，我也将手机充分地利用了起来，在手机里寻找可借鉴的娱乐项目。比如，我在抖音里刷到一些“手工制作”的小视频，对于一些感兴趣的，我都收藏了起来，作为和孩子一起动手的备选项目。

其中，最有趣的当属“纸箱大改造”了。

因为经常会网购，所以家中从来不缺纸箱子。以前孩子爱玩纸箱，也只是将它简单地剪掉一个面，留下一个筐子，没有什么特别的设计，孩子坐里面，或往里投球，或推来推去，玩坏了，玩腻了，就扔掉了。

自从第一次尝试着全家一起进行“纸箱手工制作”并从中找到乐趣后，我们就迷恋上了这个娱乐项目。

我们的第一个作品是应幼儿园的要求，制作的小汽车。在网上找好了攻略，然后准备好彩纸、胶带、胶枪、剪刀等物品后，根据步骤一步一步地制作。孩子在旁边打下手，负责递个东西，选择车身颜色等，看得出来整个过程他都表现得异常兴奋。当成品展示在我们面前时，所有人都有一种成就感，孩子钻到里面当小司机，更是玩得不亦乐乎。

从那天起，我们家的纸箱就没有再抛弃过了。

之后我们还用纸箱做了很多东西，比如：恐龙，迷宫，电视机，冰箱，烤箱，小房子，带花园的别墅，火车，帐篷，滑梯等。

我印象最深的就是我们用纸箱做了一个“迷你小镇”，这个想法最初便是孩子提出来的，所以我和孩子他爸全力配合。先根据孩子的想法，拼了一张很大的底板，然后在上面划分区域：

· 有住房和小花园；

· 有冰淇淋店、面包店、小超市等生活功能区；

· 公路旁边还有树木，有路灯，还有垃圾桶；

· 有小型游乐场，里面有迷你的娱乐项目；

· 有动物园，里面放置了宝贝的动物玩具；

· 有占地面积较大的停车场，停放了好多辆宝贝喜欢的汽车；

· 有消防中心，里面有消防办公楼和宿舍，旁边还摆放了两辆玩具消防车；

· 有水上乐园，将坏掉的玩具汽车轨道废物利用，做成了水上滑梯和滑道；

· 有小公园，里面有湖，有人行步道，有小长椅，有轻彩泥做的草坪和小花；

……

可以说，那个作品完成后，我们的满足感持续了好久好久，一度成为楼里的小景点，引得很多邻居小朋友来家里观看。小朋友们的惊叹声，绽放了宝贝脸上的笑容。从此，他更加喜欢这个项目了。

玩具总有玩腻的时候，纸箱子造出来的玩具，即使玩腻了孩子也舍不得扔，隔一段时间，又可以新鲜一阵。实在玩腻了，或是家中放不下了，他会选择把作品送给别的小朋友，或是当作珍贵的纪念品送回乡下老家存放起来。

虽然耗时费力，但纸箱带来的乐趣一点也不比手机少，而且相比买玩具要更经济实惠，不用花太多的钱。

我们都知道，孩子对于玩具通常是喜新厌旧，所以孩子的玩具总是在源源不断地送进家门。如果说每个玩具都代表了父母的宠爱，那么这个宠爱是标了价码的，而且是高价。一个动画片的周边产品——公仔，巴掌大的小玩意儿竟然要卖八九十元，一个套装包含五六个公仔，要卖到好几百块钱。还有各种遥控玩具，变形玩具，价格都高得离谱。

老话总说“账不经细算”，不算不知，一算才知，这些年单是给孩子买玩具的花费，就是一个令人瞠目结舌的数字。

所以，玩纸箱不但让我们远离了手机，给我们带来了快乐，还为我们省下了很大一笔开支，简直是“一举多得”。

有趣的“脑筋急转弯”

有一个人被关在了房间里，门明明没锁，可是他却怎么也拉不开门，这是为什么？

答：因为这个门是推开的。

●小小的螺丝钉——拆卸与拼装的乐趣

小孩子因为好奇心的驱使，会有“拆卸”的欲望，我们小的时候也有，只是会被父母喝止，被批评是“手痒”“拆家”“败家孩儿”。

记得上小学五年级的时候，爸妈给我买的一台小型的录音机坏了，鬼使神差地，我便偷偷用螺丝刀将它打开了。结果刚好被回来的妈妈撞见，她十分生气，对我吼道：“你没事干动它干吗，搞坏了咋办！”

“它本来就是坏的，还能怎么坏……”我弱弱地说道。

“它本来也许能修好，你这么一弄，也许就修不好了，彻底坏了咋办！”

的确，毕竟它也不便宜。但好在我刚刚打开，还没有进行过多的拆卸，所以很快就将它复原了。

在那之后，我再也没有拆过什么东西，而这个录音机也从来没有送修过，一直坏了许多年，在房子重建清理东西时，不知被扔到哪里去了。

我们这一代人，小的时候想让父母陪着拆东西，那简直就是天方夜谭，是一种想都不敢想的奢望。

但今时不同往日，年轻人通过自媒体、书籍等途径学到了更为科学的教育理念，一些传统的教育方式在今天已经显得不合时宜。所以，在合理、可控的范围内，我们允许孩子“搞破坏”，不但鼓励他去拆卸一些东西，还要亲自参与进去，同孩子一起去拆，去卸，去拼，去装。

我们不可能一上来就让他去拆手机、电脑、电视、洗衣机，可以从他的玩具入手，用螺丝刀将它一点点拆开，看清里面的结构，同时这也很考“拆卸者”的记忆力，因为稍不留神你就可能找不到来时的路，无法将拆开的物品还原了。

在宝贝小的时候，我便为他买了螺丝钉组装玩具，锻炼他的思考能力和动手能力，但当孩子大了，这种“小儿科”已经无法满足他的拆卸欲望，于是我便会找一些玩具来给他拆。比如坏掉的游戏机，遥控汽车，玩具枪，玩具飞机……

他可以从中学习到很多，看到线路的连接，电池供电的原理等。有时候，就那么一拆一装，原本坏了的电子玩具，反而好了，装上电池可以重新播放音乐或是和摇控器产生联动。

小孩子很喜欢在大人面前逞能，就借着他的这个特点，让他去逞，自己拆的，自己要记清楚步骤，再原封不动地装回去。

直到某一天，我家孩子将两个坏的玩具拆卸后，更换了一些零部件，然后再重新拼装起来，便成了一个新的玩具。我对着他竖起了大拇指，他昂起头笑着，一脸的小得意。

趣味小知识

蟑螂的身体里有血液吗？为什么拍死它时看不到血？

答：有，只不过蟑螂的血不是红色，而是无色的。成年或是准备产卵的雌性蟑螂的血液会呈橙色。另外，蟑螂的头被砍掉后，身体还可以活很久，几天，甚至十几天。

●和孩子一起研究吸铁石

不看手机，就要带孩子做点什么，还不能重复只做一件事，要变着花样地做。

一块玩具上的吸铁石，激发了宝贝的好奇心，他拿着这块从玩具上脱落下来的小小的吸铁石到处做实验，这里吸一吸，那里吸一吸。

“妈妈，为什么有的东西能吸上，有的吸不上啊？”

“吸铁石，只对铁之类的某些金属有作用，其他木头啊，塑料啊之类材质的东西就吸不上。”

这让他知道了，吸铁石要产生反应是对物品的材质有要求的。

“妈妈，这个吸铁石为什么总是吸不牢啊。”

“因为它太小了，而且吸力也小，回头妈妈给你找一个大的，吸力强的。”

“那是不是吸铁石越大，吸力就越大，吸铁石越小，吸力就越小？”

“不是的，吸力的大小和磁铁的密度有关，密度越高，吸力就越大。在密度一样的情况下，体积大的，吸力就更大。”

有好奇心是好事，因为好奇心可以激发求知欲，而求知欲会让汲取知识的过程变得更加快乐。

后来，我从老家找来了一块闲置的成人掌心那么大的方块吸铁石。拿到手的第一天，孩子特别开心，和我小时候一样，拿着到处吸。家里从装修到后来添置各种东西时，攒下了很多的小零件，尤其是各种大小、长短不一的螺丝钉，单独整理在一个盒子里，满满的，沉甸甸的。孩子问我说：“可以吸一下螺丝钉试试看吗？”

“可以。”我答应了。

“啊！”盒子打开，孩子手拿着吸铁石，刚一靠近，还没等接触，螺丝钉就哗啦啦地全都吸了上来，密密麻麻，甚至隔着孩子的小手，都吸上了螺丝钉。

我心一紧，心想：坏了，肯定扎到了。

可随即孩子一笑说：“还好，有点扎扎的，不过一点也不疼。”

“哇，太酷了！太神奇了！”孩子感叹道。

其实，我也沉浸到了这份乐趣中，内心也不禁感叹它的“小壮观”。在将螺丝钉一颗颗拿下来时，宝贝笑着说：“妈妈，这种感觉好奇妙哦，好像在和吸铁石抢东西一样，我要拿走，它不想让我拿走，使劲往回吸……”

接着，我们又把存钱罐拿出来，里面的硬币都倒了出来，大多是一元面值的，五毛的也不少，一毛的有二十多个。同样，吸铁石刚一靠近，一大堆的硬币就都被吸了上来，但却有两个硬币在地上，一动不动。

孩子拿起来“帮”它贴上去，可就是贴不上，总是掉下来。

“妈妈，那为什么其他硬币可以吸上来，这两个硬币不可以呢？”

“是哦，那我们看看它们有什么区别没有。”我也始料未及。

首先，这两个都是“一角”硬币，但外观却不同：一个是“正面有字和菊花图案，背面国徽”，一个是“正面只有字，背面是兰花图案”；一个年份是在背面，一个年份是在正面；一个大一些，一个小一些；大的年份是 1993，小的年份是 2002。

孩子从吸铁石上抠了一个“一角”的小硬币，因为所有的一角硬币里，找不到与 1993 年那版正面有菊花图案、背面有国徽相同的稍大的一角硬币，外观上都与 2002 年那版背面兰花图案的稍小的一角硬币相同。

但即便是这样，吸铁石上抠下来的小硬币却比吸不上的这两个硬币都“重一些”。

再者，从色泽上看，吸铁石上抠下来的小硬币更亮一些，吸不上的两个硬币则发白，色泽较暗，有些哑光的感觉。

于是，我专门上网查了查，才发现，硬币里也有很多学问，至于为什么有的能吸上，有的吸不上，主要是材质原因。这也让孩子知道了，不是所有金属都能够吸得上，吸铁石也只是对个别的金属起作用，比如铁、钴、镍及其合金和铁氧体等“铁磁性物质”。

一块吸铁石，我们玩了好久，我也和孩子一起，收获了很多知识和快乐。

和孩子一起玩个小游戏吧

项目：谁是神枪手

材料：海绵弹玩具枪2把，塑料瓶子（杯子）4～6个，海洋球4～6个

规则：

1. 将所有瓶子去掉瓶盖，放在地上摆成一排；

2. 将海洋球轻轻放置到每个瓶口，作为目标物；

3. 爸爸（或妈妈）和孩子每人手持一支枪，在同等的距离下，看谁打中的目标物多。

●一起种菜，感受“一颗种子的一生”

“妈妈，这个橘子籽你可不要给我扔了，我要种呢。”

“妈妈，土豆都发芽了，我们把它种起来吧。”

“妈妈，这个西瓜籽你别动，是我特意留的种子，我要种呢。”

……

我发现，孩子对“种东西”很有兴趣，吃水果时，有籽的，有核的，他都要“收藏”起来，嚷嚷着要种。家里的一些小盒子里，放满了各种“种子”，比如橘子、桃子、柚子、西瓜、杏子……

原本我也没把孩子的话当回事，直到有一天，一个花盆里新长出了一颗小嫩芽，孩子兴奋地告诉我：“妈妈，我种的西瓜发芽

了。”还特意交代我“千万不要把它当草拔掉了”。

我从来没有见过西瓜苗长什么样子，所以也不确定它是与不是，便将它“留盆观察”。

当它越长越大时，我上网一查，还真是西瓜苗。

这次意外彻底打开了我们家的新世界，从此一发不可收拾，为了扩大可操作的“土地”，我特意从网上买了两个大的泡沫箱子，两袋子土；还将几个空置的花盆也利用了起来。然后，一股脑的将孩子攒起来的所有种子都种了进去。

等待的过程很煎熬，结果并不总是乐观，有些种子发芽了，有些却没有。

面对孩子的疑问，我也没有能力解答，因为没有这方面的知识储备。

所以，我便开始上网研究，然后再在实践的过程中讲给孩子听，告诉它：一些植物的生长是有季节性的，对于环境也有一定的要求。所以要根据季节来播种，种子也最好是新的。

得空，我也会带他去花卉市场，去盆栽区看各种植物，向专家询问一些种植知识与技巧。之后，我们将两块土地分了家，一块属于我，一块属于孩子，我们分别播种，看谁的先发芽，谁的长得快，谁的先成熟。

这几年里，我们种了很多水果和蔬菜，失败了很多次，才换来了宝贵的经验。对于种菜，我们越发娴熟，孩子也更加从容与淡定，但每一次的发芽，每一次的收获，内心都忍不住欢腾。

当我们亲手种的菜做成菜肴端上桌，孩子吃得津津有味，原本不爱吃的青菜，也嚼得格外香。即便收成不好，土豆只结了三个大拇指头那么大的迷你小土豆，我也用心地将它做成菜，精心地摆盘，然后端上桌。这是一种仪式感，是对我们辛勤劳作的奖赏。

我们生活在城市，条件十分有限，但两个泡沫箱子做的“小菜地”，却带给了我们莫大的快乐。如果生活在农村，或是有一个大大的院子，那么体验感应该会更好，孩子有更大的空间，更多的劳作时间，播种、浇水、翻土、除虫……可以不知不觉地在菜地里疯玩一整天。

真的，买再多的科普读物都不如让孩子真真实实地去接触一回，观察“一个种子的一生”，感受生命的奇妙，在乐趣中耕耘，在欣喜中享受收获，多好！

趣味小知识

为什么牛看到红色的布会发狂？

答案：牛发狂不是因为颜色，而是因为飘动（抖动）的布，不管是什么颜色，或是什么物体，哪怕是人，只要在牛的面前晃动，牛都会发狂，因为它觉得那是在向自己挑衅。

●大自然就是最生动的游乐场

著名作家三毛有一篇文章让我感受至深，文章的名字叫《塑料儿童》，描述的是自己在与姐姐家的三个孩子、弟弟家的一对双胞胎相处过程中，发现现代城市儿童的快乐更多的是来自动漫、零食、电视、可乐，而对于室外活动、美丽风景竟毫无兴趣。所以，三毛称这些孩子为“塑料儿童”。

她在文章中说：“城里长大的孩子，最大的悲哀在我看来，是已经失去了大自然天赋给人的灵性。”

我也始终认为，大自然能够带给孩子的东西远比我们想象的多。所以，每逢周末或是小长假，我们一家三口就会离开这个“钢筋水泥”的世界，一起远离城市的喧嚣，到大自然当中去。

比如，利用五一或十一小长假，找个景点去转一转，在山顶上住几晚。吃着简单的饭菜，行走在大自然间，听着鸟叫声，感受风吹过的凉爽……

庆幸的是，我没有遇到像三毛所写的“孩子不解风情”的情况，事实上，不论我们去到哪里，孩子很快便可以找到他的乐趣：

· 在黄河边，他拿着小铲挖沙子，建了一个城堡，修了一个水池，还挖了一个“引水系统”，通到浅滩河边，将水引到水池中；

· 在水库，爸爸钓鱼时，他便拿着自己的小网去扑蝴蝶，玩累了，就拿着小鱼杆和爸爸一起钓鱼，有小鱼上钩，他兴奋得大叫，之后便更加意欲满满；

· 发现一堆蚂蚁，他会扔下一块蛋糕，然后定定地观察，直到蚂蚁将蛋糕全部包裹，一点点地变小，再变小……

· 玩宝藏游戏，用沙子或土将某个玩具埋起来，然后让另一个人找；

· 捡来一堆的石头，在地上摆一条路，用玩具汽车在里面奔驰；

……

所以，你只管带孩子走出去，乐趣，孩子会自己找。让孩子在大自然里玩耍，在玩耍中观察，在观察中感受，在感受中收获……

大自然是孩子最好的老师，它就像一本活教材，能够教给孩子丰富的知识。它的教学很有趣，真实，生动，又深刻。

大自然就像一个知识宝库，取之不尽，用之不完，总有一些新奇正在发现，即将发现，等待发现。

大自然是最生动的游乐场，给孩子更多丰富的体验，花草树木、蝴蝶、小鸟、昆虫，都可以成为孩子的玩伴，增加孩子的乐趣。

当孩子进入到这么一座探之不尽、妙趣横生的大型游戏场里，手机这种东西，就让它静静地一边凉快去吧。

趣味小知识

普通的鳄鱼会吐舌头吗？

答：不会

不试试怎么知道不行呢！
要不算了吧，太高了！

第七章

学会放手，大胆让孩子去尝试

这是一个充满危险的世界，但我们就生活在这个世界

其实有时候，孩子探索事物的意念很强，只是父母放不开，觉得这也危险，那也不安全，所以禁锢了孩子。

一个关系特别好的朋友，因为定居在不同的城市，加上忙于生活、工作，所以近几年来几乎没有见过面，手机上倒是经常会聊聊天，视频通话一打就是半个小时，甚至一个小时。“带孩子去找你聚一聚”，这样的话说了不知多少回，但这么多年过去，也从来没能实现过。

终于，在一个周末我带孩子踏上了去往好友城市的火车。

她有个女儿，长得很漂亮，看起来娇滴滴的，像个小公主。进到她家没多久，两个小孩子便熟络起来，一起玩去了。

“我们不能碰剪刀，剪到手流血了怎么办！太危险了。”

“妈妈说不能爬到上铺去，会摔下来的。”

“我们还小，不能自己吃鱼，鱼刺会卡到嗓子里，扎破喉

咙的。”

……

这是我听到小公主讲得最多的话。刚开始会觉得，这小公主好懂事，好贴心，知道提醒小朋友注意安全。但渐渐地我发现，她的“注意事项”太多了，她的“安全范围”太小了，她已经6岁了，对这个年纪的孩子来说，其实某些东西的危险性已经减弱了很多。

但其实，这个问题的根源不在孩子，在于父母。在孩子有好奇心去探索一些事物时，父母的责任是保护好孩子的安全，但不能隔绝了孩子与事物本身，完全切断了孩子探索周遭世界的机会。这种情况下成长起来的孩子，在父母眼中可能会像个“艺术品”，几乎没有遭受过什么磕磕碰碰，保护完好，但其实孩子就是个“易碎品”，没有了应对事物的能力，反而更容易被伤到。

为什么这么说呢?

因为在父母的过度保护中，孩子的思维与身体只学会了远离，而从没有处理与应对危险的经验。

举个例子来说，就好像两个小孩一起在公园玩耍时，不小心和妈妈们走散了。

其中一个小孩开始慌张、害怕，哭喊着叫：“妈妈……”

另一个小孩则不慌不忙，一边安慰小伙伴，一边找到游乐场售票处的阿姨借手机，拨通了妈妈的电话，成功地与妈妈会合。

这就是区别。一个被保护得太好，从来没有离开过妈妈的视线，有些妈妈就是这么自信——我绝不容许孩子离开我的视线半步。另一个则在三岁时就已经将父母联系方式、家庭住址烂熟于心，四岁时便偶尔会和刻意躲起来的爸妈“走散”，五岁时就被父母刻意安排独自做些事情，比如到楼下超市买瓶醋、扔个垃圾……所以当需要独自应对一些事情时，他才会显得不那么慌乱。

有些孩子的世界很小，只在父母可见之处；有些孩子的世界很大，父母只是他眼中的归处。

因为好奇心的驱使，孩子刚开始在探索事物时通常是无所畏惧的，他们不知道什么是危险，所以也就不怕，恐惧感通常是父母给予的。

是的，这个世界很危险，玩火会烧伤，用刀会划伤，和虫子玩可能会被蜇伤，和小猫小狗玩也可能会被咬伤或抓伤，和螃蟹玩可能会被夹伤，爬高了可能会摔伤，跑太快可能会扭伤……可我们就生活在这样的世界，我们必须练就操控它们的技能。

我曾看到过这么一句话，大意是说，“孩子在一出生，就具备了在玩耍中冒险的本能”，而冒险是人挑战危险、克服恐惧的过程。

所以，没有接触过危险，就不知道什么是安全。有些危险我们最好一辈子都不要碰到，但对于孩子来说，有些危险只是父母眼中的危险，但其实那只是生活的一部分，是孩子日后必须要掌握的技能罢了。

和孩子一起玩个小实验吧

项目：会吸水的杯子

材料：盘子，玻璃杯，水，蜡烛

规则：

1. 在盘子中倒入半盘子水；

2. 将蜡烛点燃，然后放到盘子中间；

3. 将玻璃杯杯口朝下扣在蜡烛上；

4. 仔细观察，会发现：蜡烛会渐渐熄灭，接着杯子内的水位开始上升，盘子里的水位开始下降，盘子里的水正在被杯子吸到肚子里。

知识点：

蜡烛燃烧消耗的是杯子中的氧气，当氧气耗尽，杯内的气压变小，低于外界气压，为了平衡内外气压，杯子内的水会被升高。

脏脏的快乐

走在大街上，从那些遛娃的人群中，总能听到这样的声音："脏！脏！不可以，不能碰。"

这样的声音，我太熟悉了，因为曾经的我，也总爱对孩子说这样的话。孩子很小的时候，我是见不得孩子脏，更见不得他摸脏的东西。一方面是自己第一次当妈妈，格外的用心，恨不得给宝宝打造一个无菌室，吃的穿的用的，都干净整洁，无菌无毒；另一方面，因为婴儿的时候孩子爱吃手，手脏的话细菌会从口入，再大一些时倒是不吃手了，不过见到什么东西拿着就往嘴里塞，正是用嘴巴去探索周边事物的时期。

出去遛娃，看到有的小孩在地上爬来爬去，鞋子也不穿，小女孩的白纱裙已经脏得看不清本色，我真心觉得：这家长心真大，养孩子养得也太糙了。

一回老家，我妈也受不了我，说"养孩子不能养得太精细，也得让孩子沾沾土气，这样的孩子长得皮实"。我妈讲不清楚更细致的科学依据来，但其实我对这句话是有一半认可的。

为什么说一半认可？

是因为我觉得养孩子可以精细，同时也可以让他沾沾土气，两者可以做到不冲突。

养孩子本就是个细致活，有些事情需要考虑很多，又不能考虑太多，在进行度的拿捏时，其实已经在“精打细算”了。

所以，当我尝试着让孩子去多接触一些事物时，其实首先需要做的是自己的思想工作，要先让我自己想得开，放得开。为此，我刻意做出了许多改变。比如：

下雨天，我会专门带着孩子到楼下玩，让他感受感受雨。鞋袜穿好，小伞拿着，我只需站在他的身后，跟上他欢脱的小脚步。

到了雨里，他想打伞就让他打，不想打伞就淋着。

地上积起的一个个小水坑，他想跳就跳，溅起的水花，湿了他的鞋袜，也脏了我的裤脚。

小手在水里划来划去，胳膊上都是泥点。

……

直到玩够了，我带他上楼，放盆热水澡，让他泡一泡，给他洗一洗，然后将他放进温暖的被窝，或是给他换上干净舒适的衣服。

再比如：

他想抱小狗，就让他抱吧。

小狗舔他的手，就让它舔吧。

沾了一身的毛，那就沾吧。

我只需要在他的身边，确认他的安全，待他享受过这份快乐后，为他做好清洁工作即可。

所以，如果是因为脏的原因，我们要少说“不”。如果可以，我们还要参与进去，与孩子一起玩，一起变脏，在这样的“共感”中，孩子更容易亲近我们，接纳我们。就好像一群小孩玩泥巴，大家都在玩，只有一个怕脏不敢玩，那么他就很难融入这场游戏，很难融入大家的快乐。一次、两次可以，次数多了，大家就都不爱跟你玩了，慢慢也就疏远了。

趣味小知识

青蛙爱吃苍蝇，可把它和一堆死苍蝇放在一起，它却饿死了，这是为什么？

答案：因为青蛙的眼睛很特别，它只对运动着的物体敏感，对静止的东西没有反应。

先听听孩子的想法，然后给予支持

●喜欢玩废品的特殊喜好

孩子总往楼上的一个邻居家跑，那个家里有两个孩子，都是男孩，大的十岁左右，小的差不多五六岁的样子。

一天，那家的妈妈来找我，说："这些个孩子都玩疯了，我家都快变成垃圾场了。"

我随她上去一看：可不是，孩子卧室、阳台，家里的边边角角都放满了各种瓶瓶罐罐，纸箱纸盒，有一些看上去还是那么地熟悉……

这让我想起来那段时间莫名消失的一些饮料瓶，鞋盒，手机盒之类的，因为本来就是要扔掉的东西，我也没太在意，想着是老公整理掉了。没成想，是这孩子偷偷地拿到楼上去了。

"不是只有你们家的，这楼里好几个孩子呢，都往我家送……都是受了老大的影响，一个个都魔怔了。还有几个专门去楼下捡呢。"

"我说扔，他又不让扔。我悄悄扔掉，他又和我生气，然后悄悄地又捡回来一大堆。你说说，这好好的家搞得跟废品站似的，真是愁死人了……”

“你们家孩子，这么小，也跟着凑热闹，天天和他们一起扎堆，不知道在搞些什么。”

……

她似乎是终于找到了一个倾诉对象，尽情地向我诉着苦。

我看了看现场，看到所有的瓶子几乎都没有盖子，有些瓶身也被剪过；纸盒也是，有裁剪过的痕迹。我就想：会不会是孩子们在做手工？

听到我这么说，这位妈妈的火气一下子又被点着了，说：“哎呀，就是做了一堆乱七八糟的东西出来，还摆起来，难看死了，给他扔了他还哭。”

“那说明你家孩子动手能力强，那是人家辛辛苦苦做出来的作品，你给扔了，当然会不高兴了。”我说道。

“什么作品，垃圾做出来，那不还是垃圾嘛。

“不行不行，说破天，我也接受不了。

“看着吧，等到周一他去上学，我非给他清干净了不可。”

果然，第二天的傍晚，从楼上传来了妈妈的责骂声，孩子的哭闹声……这预示着：孩子与妈妈之间的关系向“恶化”又走了一步。

对于孩子来说，“懂我比爱我更重要”，因为只有懂他，才能用他更能接受的方式爱他。爱而不懂，便爱不得法，于是明明付出了爱，却没有收获爱，反而生了嫌隙。

孩子喜欢玩易拉罐，喜欢收集树叶，喜欢收集石头，喜欢捣鼓一些机械的零部件等看似没用的东西时，我们不要嫌弃地远离，或是武断地阻止他，不妨试着去走近他，观察他的所作所为，听听他的想法……也许，即便这样你也还是觉得孩子的行为无法理解，但愿意试着去理解，去读懂他，这便是好的开始。

有趣的“脑筋急转弯”

一根针掉进海里了，该怎么办？

答案：再买一根。

●小小发明家

上次事件之后，我与我家孩子沟通过，因为我们平时也会玩一些纸箱改造之类手工游戏，可为什么这次这么着迷，“有什么想做的，你可以说出来，爸爸妈妈和你一起做啊”。

但他说：“我们不是在玩，我们是在搞发明。”

“哥哥是个发明家，他用一些铁的小零件做了一个机器人，特别酷……

“不过阿姨太凶了，哥哥把它藏起来了，只能阿姨不在的时候偷偷拿给我们看。”

我家孩子讲话时，那是一脸的崇拜。

于是，找了个机会，我也同孩子一起去，想要看一看这个被孩子们膜拜的“作品”。在我表示不会出卖他时，这位“发明家”才愿意把藏起来的作品拿给我看。

当我看到这个孩子口中讲到的机器人时，我也惊呆了。虽然细节上称不上多么精致，但总的来说很出乎意料，一个孩子能够拼成这个样子，的确需要耗费很大的脑力、心力和精力。于是，我便试着和他交谈。

“这么多的螺丝钉，螺帽，还有这些小零件，你都从哪里找来的？”

“有些是路上捡的，有些是小朋友们给的，有些是附近工地里捡的，马路对面的小区好多房子都在装修，垃圾桶旁边也有好多……”

我劝他工地还是不要再去了，太危险。

“那做这个机器人你花了多久的时间？”

“这不是第一个，第一代做得很丑，不过被我妈扔掉了，还有两个做的也不太满意，有几个小朋友喜欢，就送给他们了，这是第四代了，我觉得算是比较满意了。”

他还笑着和我分享经验，说：“光靠想象没用，得先把想象的东西画出来，设计好了再去做，成品就会好一些，至少不会太差……”

我夸他：“你很有做艺术家的潜质。”

他却害羞地说：“我以后想做个发明家。”

这是多么宝贵的梦想，可是却没有得到父母的鼓励与支持，反而受到了一次次的阻碍与打击。

对于孩子来说，每一个废品都可能像金子一样宝贵，他们收集一些“不需要本钱”的东西，将它重新改造，给予它重生，让它变成他想象中的崭新模样……在这个过程中，孩子既要动脑，发挥想象力；也要动手，付出行动力；还要凝神，付出专注力。结果也许并不总是如意，成果也难免会偏离想象，但这个过程，他们是享受的。

我们总说，要培养孩子想象力，创造力，专注力，动手能力，这些只要一堆废弃品就可以做到，这不是一件值得庆幸的事吗？

就拿这个案例来说，楼上邻居家的孩子在收集废品，改造废品的过程中，不但发挥了想象力、创造力、专注力、动手能力，还表现出了他的“号召力”，与小朋友“团结协作”的能力。

作为父母，我们应当保护他的创作欲望，支持他的喜好，甚至可以和他一起收集材料。在他们面前做一个听众，一个观众，一个粉丝，欣赏他的作品。梦想被理解，对于梦想和追梦者本身都太重要了。

和孩子一起玩个小游戏吧

项目：眼疾手快

材料：纸质鞋盒，剪刀，画笔

规则：

1. 用剪刀将鞋盒剪开，取平整的部分，分剪成 10 ~ 20 个大致均等的方片或圆片；

2. 用画笔在白色的一面写上数字、拼音或汉字；

3. 将写好的一面朝上平铺开；

4. 由妈妈发出指令，如“口”，爸爸和孩子看谁先找到，并拿到手里；

5. 可以写一些相似的字，比如“日”“口”“田”“白”等，增加视觉上的难度。

偶尔示弱，给孩子做大人的机会

一次出差，我去到另一个城市的朋友家里小住一晚。她结婚比我早，孩子也生的早，大女儿九岁了，小儿子刚刚五岁。

“妈妈，你进门换拖鞋的时候能不能把鞋子放到柜子里，要么摆好也行啊。

“妈妈，衣服洗好了，你怎么没有晾出来。天气热，放久了会有味道的。

“妈妈，你是不是又在沙发上边吃东西边看电视了，你看这零食屑，会招蚂蚁，招蟑螂的。

“妈妈，你在吃什么？你在吃着药，不是说不能吃生冷东西吗？”

……

说话的是她大女儿，一边说着，一边动手做着——把鞋摆到柜子里，把衣服晾了出来，把零食屑清理了，也把妈妈手上的冰镇西瓜给没收了，整个盘子推到我的面前，礼貌地招呼我多吃一些，又向我吐槽她的妈妈“不让人省心”。

朋友憨憨地笑了笑，说："我们家就是这样，长幼尊卑秩序混乱，女儿没有个女儿的样子……"

"那也得你这当妈的有当妈的样子啊。"大女儿回呛了一句，便回屋里写作业去了。

晚上我俩躺在床上聊天，我说："真羡慕你，女儿这么懂事，说你不让她省心，可她让你太省心了。"

"这倒是，她从小就像个小大人，爱操闲心，学习、写作业我从来不费心……

"都说生孩子伤身体，我觉得我是伤了脑子还是怎么，记性越来越差，水电费也总忘交，停水停电了才知道。女儿用手机交了几次，之后索性把这活揽了过去，所以现在都是她在交。

"她还老说什么事情指望我提醒她是指望不上了，只能自己上点心，所以，你看她的墙上，专门做了一个备忘板，还有一个时间规划表……"

朋友吐槽自己在家里的地位低，我却听出来一丝丝的得意与自豪：孩子懂事，不让父母操心，学习成绩好，这不正是所有妈妈们梦寐以求的吗？

回来的车上，我发了一条朋友圈，说：朋友家女儿超懂事，看来父母偶尔也要懂得示弱，给孩子一个当大人的机会。

朋友在评论区回复我，说：我这不是示弱，是真的弱。哈哈……

真弱也好，假弱也好，我的感悟是真实的：一个懒妈妈养出了一个勤快女儿，一个像小孩儿的妈妈养出了一个像大人的女儿，这就是“示弱”在教育中的妙处。

就像女生在喜欢的男生面前“拧不开瓶盖，打不死小强”，才给了男生逞英雄的机会，父母偶尔收起自己“强大、万能”的形象，在孩子面前也表现得弱一点，表露一下弱点。比如害怕虫子，搞不懂玩具，向孩子求助，或向孩子撒个娇，给孩子独当一面的机会，也让孩子体会一下被父母依赖的感觉。

让孩子换个角度看父母，就像大人看小孩一样，当自己可以或必须去做个小大人时，孩子内心的责任感会油然而生。

有趣的“脑筋急转弯”

什么池不能装水？

答案：电池。

明知结果会失败，也让孩子自己去体验

孩子总是会有许多的奇思妙想，脑子里有了想法，整个人就开始蠢蠢欲动，想要把想法变成现实。

比如，吃饭的时候，总想往饭中加一些奇怪的东西，炒肉片里倒牛奶，咸粥里面放西瓜，火锅里面煮薯片，温水里泡爆米花……

当你“凭经验”跟他说这样的想法不可行时，他总会问你：“为什么？”

有的时候，我们自己也讲不清楚原因；有的时候，即便我们能讲出个所以然，孩子也不一定能理解。就比如火锅里面煮薯片，我说不可行，孩子说“为什么”；我说因为会化，孩子说“为什么会化”；我说因为薯片太薄了，孩子说“豆皮也很薄，为什么它不化”……

所以，解释那么多没用，让他去试试便有结果了。

费尽心思阻止他，讲了一大堆，不如他一个丢下去的动作，然后发现薯片消失不见来得有说服力。

孩子因为没有生活经验，没有知识储备和丰富的阅历，所以他

们的想法也不受约束，可以天马行空，也可以极其幼稚，或是离谱。当孩子提出一些想法，他满心期待，而我们一眼就看得到失败时，我们应该怎么办？

很多父母都会直接把结果告诉孩子，可对于孩子来说，做都没做，就得到了一个失败的结果，他怎么会甘心呢？

说一万遍，不如让他自己亲身经历一次，自己总结出来的经验教训才更为深刻。

法国启蒙思想家卢梭提出的“自然后果法”，就是提倡让孩子通过体验自己的过失造成的不良后果，从而认识到错误，吸取教训，并自行改正。

比如：孩子洗澡时非要把“会讲故事的鸭子”放到水里，那就让他放好了。

结果原本会讲故事的鸭子变哑巴了，他再也听不到心爱的鸭子讲故事了。那么，以后他就知道了一点——不可以将带电的玩具放到水里玩。

如果我们总是用自己的经验去否定孩子，那便剥夺了孩子试错的权利，以及在错误中感悟、成长的机会。

我们允许孩子试错，并不是教育上的不作为，而是刻意而为。明知结果会失败，却还要放手让孩子去做，因为是孩子自己做的，所以不论结果是什么样，他都得接受。

失败的滋味并不好受，但接受失败，消化失败，这种情绪控制与调节的能力，在孩子的人生中也是一种极其宝贵的财富。

所以，我们需要做的是，在他需要帮助时帮助他，在他需要空间时给他空间，在他需要总结经验时和他一起总结，甚至陪他一起“再来一次”。

趣味小知识

为什么很多人都不想看电焊的火花？

答案：因为它含有一种对眼睛有害的紫外线。

第八章

游戏心态：

玩得起，也要输得起

尊重规则，用规则说话

有人的地方，就有规则，因为需要建立秩序，来达到一种和谐。所以，我们在国家不能触犯国家的法律规则，在社会不能违反社会的规则，在公司不能违反公司的规则，在学校不能无视学校的规则……同样，如果我们的小家庭里也建立有规则，那么就要人人遵守，不得违反了家庭的规则。

对于有些父母来说，家里的规则是给孩子制定的。比如：

· 吃饭的时候不能看电视；

· 坐在沙发上的时候，腿不可以翘到茶几上；

· 不能说脏话；

· 不能挑食；

· 不能喝碳酸饮料；

· 不能在床上吃东西；

· 晚上 9 点以后不能玩手机、打游戏；

· 睡觉前必须刷牙、洗脸、洗脚；

……

一边要求孩子遵守规则，一边自己却条条都违背。不让孩子吃饭看电视，父母却一边吃着饭，一边看手机或电视；要求孩子坐有坐相，自己却往沙发上一瘫，双脚搭在茶几上；要求孩子不说脏话，自己却“脏话不离口”；要求孩子不能挑食，自己不爱吃的却从不吃一口；要求孩子不能喝碳酸饮料，自己却偷偷买来喝，还以为孩子没发现；要求孩子不能在床上吃东西，自己却不自觉地躺在床上边吃东西边看手机；要求孩子晚上 9 点以后不能玩手机、打游戏，自己把孩子哄睡着后却偷偷地玩，以为孩子发现不了；要求孩子睡觉前必须刷牙、洗脸、洗脚三件套全做，自己却以“太累”为借口偷懒……

制定了规则，却把自己排除在外，那这样“不平等”的规则孩子又怎么会愿意遵守?

还有一种情况，是为了方便自己，或是出于宠爱，便让着孩子，主动帮孩子打破规则。比如：

要求孩子每天只能看 20 分钟电视，但因为有时候自己忙，或是想讨清静，不想孩子来烦扰自己，便选择漠视这个规则，到点不提醒，甚至主动跟孩子说：“今天你可以多看一会儿。”

到了第二天，又是只能看 20 分钟；过了几天，又可以多看一会儿。如此反复，孩子越来越迷茫了——为什么规则有的时候要遵守，有的时候可以不遵守？为什么爸妈想让我遵守的时候我就得遵守，不想让我遵守规则的时候我就可以不遵守？

是啊，如果是这样，那制定规则便失去了意义，也在孩子那里失去了说服力。

那么，当你用规则和孩子说话时，孩子不会再听，因为孩子也不拿规则当回事了，如果你和他理论，那么他会拿“你不遵守规则”的情况来反驳你。

所以，规则是大家的，每个人都严格遵守，规则才会有它的意义。

和孩子一起玩个小实验吧

项目：硬币水上漂

材料：硬币（铝制的1分、2分、5分或1角面值），曲别针，杯子，水

步骤：

1. 将杯子里装满水；

2. 用手将硬币放到水面，观察和发现：硬币会沉入水中；

3. 将曲别针折成立体的“L”形，就好像没有底的小勺子一样，用它托住硬币，再慢慢地将硬币放到水中，然后轻轻地将曲别针取出，观察发现：硬币没有下沉，反而漂在了水面上；

4. 还可以用同样的方法试试放置其他东西，比如针。

知识点：

在没有借助工具的情况下，硬币在水中很难保持平衡，水的表面张力被破坏，硬币便容易沉入水中；借助工具后，先帮助硬币在水面保持平衡，当水的表面张力拖住了硬币后，再拿开工具，硬币就稳稳地浮在水面上了。

让孩子参与规则的制定

孩子爱看电视，我们也爱看电视，但电视只有一个，所以常常会出现抢电视的情况。毕竟孩子要看的动画片我们不爱看，我们爱看的电视剧孩子也不爱看。

“看电视对眼睛不好，不能看太久。”这个理由说出来，我们自己都觉得苍白无力。

我们总是把一些不好的东西说得跟有毒似的，但自己却乐此不疲，当孩子质疑为什么这些东西只对小孩子有毒，对大人却没毒时，我们还是那套没有说服力的说辞——“因为你太小了，等你长大了就可以……”其实，都是借口罢了。

在这种情况下，孩子已经不相信我们给出的理由了。即使我们不是为了私心，真的是为了孩子好。

那么，最好的方式就是用规则说话，而且，规则一旦制定，所有人都必须遵守。因此，规则在制定的过程中，一定要更加详细，把每个人的利益与特殊情况充分地考虑到。

比如规则里面要制定“9点以后不能玩手机、打游戏”，那就要考虑一些特殊情况，比如爸妈如果是因为工作上的需要，在提出申请后，就可以用手机或电脑处理工作。

制定规则时，最好让孩子也参与进来，这样制定出来的规则孩子首先是认可的，因为认可，所以遵从规则的意识和积极性也会更强。

在制定的过程中，孩子可以表达他的看法，也可以反驳父母的想法，互相商量，互相说服，权衡各方的利益和需要，然后共同敲定。

孩子三岁多的时候，认识数字，但不认识表，所以他在看电视时，我总是告诉他："你可以看到长针走到6，走到6就必须关掉电视。"

大多数情况下，孩子都比较听话，到了时间后会请求我"再看一会儿"，被我拒绝后，他也不哭闹，就任由我关掉。只是一脸的不高兴。不过我告诉他：约定就是约定，我之前和你商量好了，你也答应了，那就要遵守。

后来，我试着让他自己定时间，在他打开电视后，我问他："这次看到几？"

他看了看客厅挂的表，说："看到8。"

我说："好。"

当我在客厅收拾家务，遗忘了时间时，突然看到孩子走过去将电视关掉了。

我看看表，再看看孩子，他一脸骄傲地说："时间到了，我自己关了。"

看得出，我定时间和让他自己定时间，孩子的状态完全不同，一个更被动，一个更主动。

有趣的"脑筋急转弯"

世界上除了火车，什么车最长？

答案：堵车。

不要带着负面情绪与孩子沟通

与孩子相处的过程中，父母并不总是有耐心，因为有时候吼叫比讲道理要好用得多。

“宝宝，不可以玩水哦。”

“水把衣服打湿了怎么办呢，那多不舒服。”

“快点，不要玩了，你看地上都是水，如果滑倒了怎么办？”

孩子就跟没听见似的，只顾着自己玩。

“我让你关掉！你听到了没有！”

“快点！关掉！”

“我数三下，1，2……”

孩子赶快把水关掉，呆呆地站在那里一动不敢动，头微微地低着，眼睛却看向大人，满眼的委屈。但大人松了一口气，心想：好话不会听，非让我用吼的才行。

有时候，父母不总是有耐心，是因为心情总有烦躁的时候。遇到心情郁闷，心里不痛快时，身边的人做什么都看不顺眼，孩子一个小动作或是一句话都有可能引爆火气，招来一顿痛骂。

楼里一个关系很好的邻居，周末带着孩子来我家玩，玩了一会儿之后，因为她想为我介绍一下她们公司新出的一款产品，所以我和孩子便同她们一起去她家。

到了她家门口之后，她翻了翻随身背的小包，却怎么也找不到钥匙，顿时便慌了神。因为她老公周末加班，什么时候下班也没个准。

“说！你是不是又翻我包了？”她突然吼她女儿。

“我没有……”女儿被突如其来的质问吓坏了，眼泪开始在眼睛里打转。

“没有才怪，我出门前明明放包里了，怎么会不见了！”

“我没翻。”

“你再说谎！我出门前就放包里了，你还不承认。再敢翻我包，我把手给你剁了！”

我一听，赶快把孩子揽过来，抱在腰间，跟这位邻居说：“你看你说的，太吓人了。别把孩子给吓坏了。平时脾气挺好的，怎么这会儿突然就炸了……”

她大概也发现自己情绪失控了，呼了口气，定了定神，说：“我也不知道怎么了，就是很烦，火是一点就着。”

她自己分析，可能是买了第二套房之后，生活压力一下子变大了，压力得不到排解，所以情绪就像颗定时炸弹，随时可能被引爆。

后来在鞋柜上找到钥匙后，她也发现错怪了女儿。钥匙是在出门前放到了包里，可是锁门后才发现忘了换拖鞋，于是又拿钥匙进去换了鞋，才又出门。钥匙就这样被遗忘在鞋柜上了。

生活中不乏这样的父母，因为个人情绪原因对孩子又吼又叫，甚至打骂，这样的行为会让亲子关系越来越远，因为孩子在父母面前会变得小心翼翼，怯弱胆小，对父母的情感渐渐地由“爱”变成了“怕”，甚至是厌恶。

再者，作为父母，我们要成为孩子的榜样，如果我们都无法驾驭情绪，做好情绪管理与调节，那么也势必会影响到孩子对自我情绪的管控能力。

所以，如果我们没有控制住，对孩子发了火，那么等意识到的时候，请给孩子道个歉。即便孩子做错了，也至少告诉孩子，爸妈不该用这样吼叫的方式和你说话。

趣味小知识

为什么跳跳糖在嘴里会跳，还能发出噼里啪啦的声音？

答案：跳跳糖中含有二氧化碳，在嘴里遇热汽化后产生的推力，能使得糖颗粒在嘴里蹦跳起来；跳跳糖里有很多细小的高压气泡，当糖在口中融化后，气体被释放出来，所以就会有噼里啪啦的声音。

给孩子说话的权利

沟通是相互的。父母在和孩子沟通时，表达完自己的看法，也要听听孩子的想法。即便是批评教育，也鼓励孩子多“顶嘴”，敢于顶嘴的孩子，并不是不受教，而是更有为自己说话的勇气。

周末，孩子提着小桶和小铲子，说：“妈妈，我们去公园玩吧。”

孩子喜欢去这个公园，大多是因为那里有沙池。提到这，不得不说，小孩子们对于沙子的喜爱好像都是统一的、天生的似的，一个个见到沙子就走不动路了。

“今天不去了，下周末再去吧。”我那天肚子有点不舒服，整个人都不想动。

“为什么？”

“没有为什么。”我也不想解释那么多。

“可是我想去呢。”

“可我不想去。”不自觉地，我的情绪有点烦躁。

“为什么？”

“哪有那么多为什么！没有为什么！”

“那我玩什么？”

“你想玩什么玩什么！这么多玩具不够你玩的吗！”

孩子不再说话，低着头去自己屋里玩去了。

吃完午饭后，老公日程有变，提前回来了。孩子看到爸爸回来，便开始缠着他要去公园玩沙子。

老公说：“外面好热，你看我的一身汗。我们等哪天天气好了再去好吧。”

“那什么天气算是好啊，风太大不行，说沙子会到处飞；下雨了也不行，说沙子太湿了；没有风，没有雨，没有太阳，也不行，你要和叔叔们去钓鱼……那什么时候能去！我就要现在去！”

老公无言以对，那个样子逗乐了我，我调侃他：“被孩子怼的说不上话了吧。”

老公笑了笑，对孩子说：“天气好了，让你妈妈陪你去。”

孩子看都不看我一眼，继续缠闹他爸爸：“我就是要你陪我去，你快点收拾一下，我们出发呀。”

“我刚从外面回来，太热了。”

“你戴个太阳镜啊，打个伞啊，拿瓶冰水啊，这样不就不热了嘛……”

后来我渐渐发现，孩子缠闹我的情况少了，对我表达诉求后，只要我拒绝，他就立马放弃；但是缠闹他爸爸的情况变多了，而且在遭到同样拒绝后，他会反驳，会和爸爸争辩，为自己争取机会。

老公说：“这孩子怎么就只和我顶嘴？”

“他知道顶嘴我会生气，所以不敢顶嘴呗。”我得意地回了一句。但得意感很快就被一种莫名的悲凉感吞没，我的脑子里开始出现很多问题：

·孩子为什么在我面前不敢顶嘴，在他爸面前就敢句句顶回去？

·在我面前的乖巧和在他爸面前的任性，哪个是更真实的他？

·这是不是代表，孩子在他爸面前更放松，更愿表达自己的真实想法？

·这是不是代表，他和爸爸的感情更亲近，和我在疏远？

……

每一个问题在提出来的时候其实都在我心里有了答案。我开始觉得有股寒意袭来，我这么爱着的孩子，却在渐渐地疏远我，这让我接受不了。

通过这件事，我反思了很多，我意识到了给予孩子说话权利的重要性。

允许孩子说真话，允许孩子顶嘴，这是对孩子的一种尊重。孩子有表达内心想法的欲望，有被倾听的需求，如果长期被压制，得不到抒发，心里会生病的，与父母之间的情感也会变质。

所以，孩子顶嘴并不是一件坏事，反而是好事。这说明孩子有质疑权威的勇气，有辩证思维，也更有主见，他们在与父母争辩的过程中，需要快速地运转大脑，想到应对的观点，去战胜父母，为自己赢得机会。

所以，当孩子顶嘴时，我们不但不要压制，还要予以鼓励，也和他顶一顶，争一争，在争辩中各抒己见，最终达成共识，解决问题，这个过程反而更能促进彼此之间的关系。当然，有些时候父母还真不一定能辩得赢孩子，那么，输了，就要认输，没什么好丢脸的。

和孩子一起玩个小游戏吧

项目：弹珠游戏

材料：弹珠 6 ~ 10 个

规则：

1. 将弹珠均分成两等份，对立双方一人一份；

2. 在地上画两个弹球大小的圈圈，两个圈圈间距以“方便击打”为准，不能太近，也不可太远；

3. 将弹珠放定在圈圈内，一方通过用手指弹自己的弹珠去击打对方的弹珠；

4. 若击中，则可将对方弹珠赢走；

5. 将对手手里的弹珠全部赢光，即为赢家。

给孩子自己做主的机会

每到周三、周六，就总能听到隔壁小女孩哭闹着“不想去上舞蹈课”，尽管她已经上了三年了，但每次上课前都还是要在门口哀号一阵，虽然明知逃不过去，最终还得乖乖去上课。

孩子奶奶和我唠家常时，表示不理解，说：“孩子从一开始就不爱学，非要逼着孩子去学，花钱买罪受，不知道图的什么。”

小女孩在我家玩时，听说我家孩子报了街舞课，就说：“我最讨厌的就是跳舞了，每天压腿太疼了，而且我觉得我不适合跳舞，别的小朋友早都可以压下去了，我还是不行。我真想快快长大，长大后我就再也不要跳舞了……”

有天，我侧面地和女孩妈妈聊了这个事，说她家孩子好几年了，还这么排斥上舞蹈课，一到上课就哭着不愿去。女孩妈妈说：“我不图她能跳得多好，成为舞蹈家什么的，我也知道她不是那块料，是舞蹈班里跳得最差的，但就这我也愿意花钱让她去，就是让她练练气质，女孩子嘛，身型、气质很重要……”

对于孩子的事情，我们总是习惯性地去替他做决定，因为我们认为我们始终是为了孩子好，所做的决定也是有利于孩子的。比如我们给孩子报的各种兴趣班、辅导班。这类培训机构通常都有着自己的功能性，有的可以强身健体，可以锻炼孩子的身体协调能力；有的可以锻炼孩子的思维能力；有的可以锻炼孩子的形体、气质；有的可以培养孩子的专注力；有的可以提高英语口语表达能力；有的可以提高孩子的学习成绩……

很多父母，从孩子三四岁起，便开始为孩子的未来乃至一生做铺垫，一些兴趣班就开始强加到孩子的生活中。比如，幼儿园时听朋友说，有特长的孩子在小学很抢手，于是便给孩子报各种各样兴趣班，让孩子多才多艺。为了孩子以后能进外企甚至走向国际，所以从小就要打好英语基础，上价格高昂的母语式纯外教英语培训学校。

父母自认为呕心沥血，为孩子付出了精力，付出了金钱，但孩子可能并不快乐。

因为这些都不是孩子的选择，他们也没有享受到为自己做主、为自己做选择的权利。他们的童年快乐太少了，因为父母给予的东西太沉重了，所有的爱与期望就像一座座大山，压在他们幼小的心灵上，给他们带来了无比沉重的精神负担。

我们想给予孩子很多能力，包括独立自主的能力，但如果我们总是习惯性地“包办”、操控，那么孩子很难有独立自主的能力，因为他们从来都感受不到自我，在父母面前，他们太渺小了。

有的父母可能会说：孩子太小，他们不知道将来的社会有多么残酷，但我们知道，所以我们要为他们做出正确的选择。毕竟孩子的未来我们赌不起。

但如果孩子被压垮了，那么这场赌局从一开始便输了。

毕竟这是孩子的人生，至少要让他有参与感。所以，在孩子的事情上，不要只是夫妻之间做商量，不妨让孩子也参与进来，一起商量。先获得孩子的认同感，说服孩子，那么同样一件事情给予孩子的感受也是完全不一样的。

对于孩子的事情，我的原则就是：大事商量着来，小事他自己做主。

和孩子一起玩个小游戏吧

项目：杯子投球

材料：大口径杯子（或小收纳筐），乒乓球（或海洋球，弹球）

规则：

1. 将大杯子或小收纳筐放定到一个点，然后在距离2米左右的位置画一条横线；

2. 在横线外，每人轮流投球；

3. 看看谁瞄得准，谁投进去的球最多。